Sila odozgor

Za krizmanike

Nakladnik:Figulus Media, 2024., Koprivnica

Autor: Josip Lončar

Grafičko oblikovanje: Mihael Lončar

figulus@me.com

Sila odozgor

Za krizmanike

2024. g.

Sadržaj

Uvod

Život je nevjerojatan dar, pogotovo ako na raspolaganju imamo darove Duha Svetoga. Darovi Duha čine bitnu razliku između kršćana i nekršćana. Mnogi nevjernici imaju bolje srce i bolji su ljudi od mnogih kršćana, no kršćani mogu s pomoću darova Duha činiti djela koja se bez njih ne mogu činiti. Kad se netko nađe u bezizlaznoj životnoj situaciji, tj. u situaciji u kojoj mu samo Bog može pomoći, nije mu tako važno je li čovjek koji nudi pomoć dobar; puno mu je važnije može li mu on stvarno pomoći. Nažalost, mnogi kršćani susreću takve ljude u životu i ne mogu im pomoći – samo zato što se nisu bili spremni odreći samih sebe, dati prostora Duhu Svetome, nisu bili oduševljeni darovima Duha koje su primili na krizmi. Najčešće, samo zato što ih nitko nije ni pokušao oduševiti na pravi način.

O tebi ovisi hoćeš li prihvatiti izazov pomaganja drugima koji pred tebe stavlja Bog dajući ti duhovne darove ili ćeš radije gledati svoja posla. Ja sam prihvatio izazov i dosad sam iskusio daleko više dobra od onoga što bi se tada usudio i pomisliti. Zašto ne bi i ti?

Čime god se u životu bavili, darovi Duha Svetoga čine presudnu razliku. S njima sve ima pravi smisao, po njima imamo izravnu Božju pomoć i oni nas oblikuju da postanemo onakvi kakvi bismo htjeli biti. A zasigurno bismo htjeli živjeti ljubav, radost, mir, dobrotu, blagost, nježnost, krotkost, ustrajnost, poniznost... (v. Gal 5,22).

Znam da postoji velika vjerojatnost da ne poznaješ nikoga koga su darovi Duha Svetoga na krizmi stvarno promijenili i usrećili, no ja poznajem zaista mnoge koji su se – neki prije, neki malo poslije – ipak odlučili „raspakirati" i koristiti sedam dobivenih darova, te koji su na taj način upoznali novu, nevjerojatno uzbudljivu dimenziju svojih života.

Odmah na početku želim jasno reći da su svih sedam darova natprirodni darovi i da takve sposobnosti ne može imati apsolutno nitko tko nema te darove. Po darovima koje na krizmi primamo Duh Sveti može nam dati prosvjetljenja koja bez njega nitko ne može imati, može nam dati mudrost i znanje kakvo se bez Duha Svetoga ne može steći, jakost kakvu bez Duha Svetoga ne možemo imati, savjete koje nam nitko osim njega ne može dati, te sveti strah koji bez njega također ne možemo imati. Od Duha Svetoga možemo primiti vjeru, nadu i ljubav kakve nijedan čovjek bez njega ne može imati.

Da, Duh Sveti sve nam to po svojim darovima može dati i mi sve to možemo primiti, ali *samo* ako to zaista svim srcem želimo, ako smo zaista zainteresirani za intimnu suradnju s njime.

Cilj ove knjige jest da čitatelja upozna s darovima Duha Svetoga i da ga zainteresira za njih.

Otkud je sve počelo?

Sve je počelo na Pedesetnicu. Nikada se dotad u povijesti svijeta nije dogodilo ništa slično (v. Dj 2,1-12). Duh Sveti sa svom se silinom spustio na one koji su ga devet dana čekali. Silina je bila tolika da se skoro cijeli grad strčao vidjeti što se događa. Tada je u Jeruzalemu zbog blagdana bilo mnoštvo ljudi iz cijele Palestine, ali i iz mnogih drugih zemalja, koji su vidjeli i čuli Isusove učenike kako na njihovim materinjim jezicima hvale Boga. Naime, kad netko govori u daru jezika, koji je također sadržan u sedam darova, ljudi iz različitih naroda mogu ga istovremeno svaki na svojem materinjem jeziku savršeno razumjeti, iako ta osoba ne govori nijednim od njihovih jezika. Zamislite da govorite darom jezika i da vas istovremeno Talijan, Rus, Nijemac i Mađar čuju na svojim materinjim jezicima. Zvuči nevjerojatno, no danas u Crkvi milijuni ljudi imaju taj dar. Apostol Pavao kaže da bismo ga svi trebali imati jer je to dar kojim prvenstveno izgrađujemo sami sebe. Itekako sam Bogu zahvalan za taj dar i često ga u životu koristim. No vratimo se na Pedesetnicu. To čudo razumijevanja jezika zapanjilo je sve te ljude koji su slušali Isusove učenike i učenice, no još su ih više zapanjile riječi koje su slušali. Naime, nikada dotad nisu čuli da bi netko tako veličanstveno slavio i hvalio Boga. I ja sam imao prilike vidjeti ljude zapanjene darom jezika.

Bilo je u Jeruzalemu i onih kojima Duh Sveti nije otvorio uši da razumiju što to učenici „brbljaju", tj. što govore u drugim jezicima, pa im se činilo da apostoli tako „brbljaju" jer su pijani. I zaista, taj jezik Duha razumiju samo oni kojima Duh Sveti želi dati da razumiju. Više sam puta vidio da je samo jedna osoba, ili samo nekoliko njih savršeno razumjelo, a ostali su čuli samo nerazgovjetno „brbljanje". Petar, prvi papa, pun Duha Svetoga, preuzima na sebe odgovornost da mnogobrojnim svjedocima tog događaja objasni što se događa.

Pogledajmo početni dio Petrove propovijedi, a ostatak pročitajte u Bibliji.

Tada stupi Petar sa Jedanaestoricom te povišenim glasom reče: „Židovi i vi svi što boravite u Jeruzalemu! Ovo **primite do znanja i pažljivo poslušajte** *što ću vam reći! Ovi ljudi* **nisu pijani,** *kako to vi zamišljate – ta istom je treći sat dana – već se ovim ostvaruje proročanstvo proroka Joela: U posljednje ću vrijeme – veli Gospodin –* **izliti od svoga Duha na svako ljudsko biće, te će proricati vaši sinovi i vaše kćeri; vaši će mladići imati viđenja, a vaši starci sne.***
Čak ću i na sluge i sluškinje svoje
izliti Duha svojeg u dane one
i proricat će." (Dj 2,14-18)

To je bila zaista nova i dobra, predobra vijest, kako bi to mladi danas rekli! Petar, dakle, jasno kaže da od Pedesetnice svaki vjernik može primiti ispunjenje Duhom Svetim i čuti što mu Bog osobno želi reći. Dotad je to bila povlastica samo iznimno malog broja ljudi ispunjenih Duhom Svetim po posebnom Božjem pozivu (usp. 1 Pt 1,10-12).

Prvi problem

Međutim, tu odmah nastaje prvi problem. Naime, Bog preko apostola Petra na Pedesetnicu naviješta tri izvanredna načina očitovanja svoje komunikacije s vjernicima: kroz snove, vizije i proroštva (darove). Na svakome je od nas da odlučimo hoćemo li snove, vizije i darove prihvatiti ili odbaciti.

Tko zna koliko bi ljudi sačuvalo život i izbjeglo mnoštvo nesreća i nepotrebnih problema da su povjerovali kad ih je Bog kroz snove, vizije i proroštva upozoravao na najrazličitije opasnosti. Tko zna koliko bi ljudi iskusilo radost, mir i zadovoljstvo da su poslušali kad ih je Bog kroz snove, vizije ili proroštva usmjeravao, savjetovao, uzdizao i tješio, koliko bi mladih ostalo u crkvi nakon što prime sakrament potvrde, kad bi dobili učinkovitu pouku o njima.

Biblijska povijest, ali i povijest Crkve nezamislive su bez očitovanja Duha Svetoga kroz snove, vizije i darove. Cijela Biblija, ali i životopisi svetaca prepuni su snova, vizija i darova Duha Svetoga, no mnogi današnji teolozi ne žele ni čuti o njima.

Prije dvadesetak godina držao sam seminar na tu temu u jednoj velikoj grkokatoličkoj župi u Ukrajini. Nakon prvog nagovora prišao mi je biskup, za kojeg nisam ni znao da je na seminaru, koji mi je rekao kako je, kad sam počeo govoriti, mirno ispovijedao i usput slušao o čemu govorim. Kad je shvatio da ću govoriti o snovima, vizijama i proroštvima, toliko se uzrujao da je prestao ispovijedati. Samo me to što sam bio stranac spasilo da me odmah nije izbacio iz crkve. Iz čiste je pristojnosti nastavio slušati i kad sam završio, priznao mi je da mu je bilo jako zanimljivo i korisno i da će rado čuti i ostatak nagovora na tu temu. Htjeli mi to priznati ili ne, većina nas sanja snove, i to ponekad vrlo uznemirujuće ili vrlo umirujuće, i svi znamo da to nisu slučajni ili beznačajni snovi.

Rijetki su oni koji gledaju vizije i primaju proroštva, pa ako ni zbog čega drugoga, vjerujem da će se svakome čitatelju isplatiti pročitati knjigu baš zbog snova.

Sedam darova Duha Svetoga

Na krizmi ili potvrdi primamo sedam darova, ili sedam različitih očitovanja Duha Svetoga:

1. Mudrost
2. Razum
3. Savjet
4. Jakost
5. Znanje
6. Pobožnost
7. Strah Božji.

Svaki od sedam darova može se očitovati na više različitih načina. Tako se, npr., dar jakosti, između ostalog, može očitovati i kroz darove ozdravljanja, darove čudotvorstva i dar autoriteta nad demonima; dar pobožnosti kroz dar jezika i dar izvanredne vjere; dar znanja kroz dar spoznaje, razlikovanja duhova te tumačenja snova i vizija; dar mudrosti kroz dar upravljanja...

Svaki dar Duha Svetoga poput skupocjenog je vozila ili stroja. Tako je od trenutka krizme u našoj duhovnoj garaži parkirano sedam novih vozila, poput automobila, kamiona, autobusa, kombija, brodova, helikoptera, bagera ili bilo čega drugog korisnog nama i drugima. Na krizmi primamo sve te darove, no oni u nama ostaju zapečaćeni do trenutka kad stvarno svim srcem odlučimo da se želimo njima služiti. Tek tada Bog skida pečat s njih i tek ih tada možemo početi upotrebljavati. Mislim da se možemo složiti da nas Duh Sveti savršeno poznaje i da neće početi surađivati s nekim tko ga iskreno ne želi, ne cijeni njegove darove, nije na njima iskreno zahvalan i ne čezne za njima. Ti su darovi za nas sasvim besplatni, no trebali bismo znati da su ipak plaćeni. Isus ih je „platio" svojom krvlju.

S vozilima smo dobili i neograničenu količinu goriva. Gorivo je Božja riječ zapisana u Svetom pismu (Bibliji). Autor Božje riječi je Duh Sveti, darovatelj naših darova/vozila/strojeva. Razmatranjem (meditacijom) biblijskih tekstova ulijevamo gorivo u svoja vozila/strojeve. Nažalost, ni najsavršenije vozilo ili stroj ne može se pokrenuti bez goriva. Trošiti možemo samo onoliko koliko smo ulili. Koliko god to bilo čudno, činjenica je da mnogi nikad nisu pokrenuli nijedno darovano im vozilo ili stroj, samo zato što nisu znali da spremnike trebaju napuniti gorivom.

Ako ne razmatramo Božju riječ, nećemo ni izdaleka iskusiti čudesna Božja djela koja bismo mogli iskusiti upravljajući voznim parkom koji nam je na krizmi darovan. Mnogo puta dovoljno je da razmatranjem u srce upišemo jednu jedinu rečenicu iz Svetog pisma i da njome pokrenemo određeni dar.

Razmatrati može svatko. Ako znamo razmišljati o zemaljskim izazovima, znamo razmišljati i o Božjoj riječi. Kad u razmišljanje uključimo Duha Svetoga, događa se razmatranje.

Osim što trebamo naučiti točiti gorivo, tj. razmatrati, jednako tako trebamo naučiti upravljati darovima/vozilima, a to činimo raznim molitvama: unutarnjom, zastupničkom i prosidbenom; molitvom slavljenja, štovanja, klanjanja i zahvaljivanja...

Paralelno s ovom knjigom pišem i knjigu *Figulus*, koja govori o razmatranju i raznim vrstama molitava koja će svakom tko to želi pomoći da bez problema nauči „uliti gorivo i pokrenuti vozila".

Na prvi se pogled služenje darovima Duha može učiniti zahtjevno, no i život često zna biti jako zahtjevan, i upravo smo onima koji su u zahtjevnim životnim situacijama pozvani služiti duhovnim darovima. A zašto pritom ne pomoći i samima sebi?

Ako nas netko tko je zapaljen Duhom zainteresira, vrlo brzo vidimo da je služenje darovima nevjerojatno zanimljivo, korisno i vrijedno svakog napora. I, budući da se Duh Sveti daruje svima, svatko tko želi može naučiti služiti se njegovim darovima.

Služenje darovima možemo usporediti i sa sviranjem muzičkog instrumenta. Da bismo ga svirali, netko nas mora zainteresirati, prenijeti nam ljubav prema tom instrumentu i naučiti nas svirati. Kako, koliko, s kime i kome ćemo svirati, ovisi o tome koliko ćemo se oduševiti i koliko ćemo uporno učiti. Krenimo s prvim od sedam darova.

Razum

Razum je dar Duha Svetoga po kojem primamo duhovno razumijevanje Svetog pisma, nauka Crkve, liturgije i životnih situacija koje bez intervencije Duha Svetoga ne bismo mogli shvatiti, prihvatiti, usvojiti, živjeti ili mijenjati. To prosvjetljenje, ili otvaranje razuma, može se dogoditi u trenutku, može biti rezultat kraćeg ili duljeg razmatranja (meditacije), a može se dogoditi i kroz snove, vizije i proroštva.

Uvijek je najlakše duhovne stvarnosti objašnjavati primjerima, pa ću ih koristiti i ja. Od mnoštva ljudi iz Biblije kojima je Duh Sveti otvorio (prosvijetlio) razum dajem primjere dvojice najvećih apostola.

Petrov primjer

Apostol Petar po zanimanju je bio ribar. Svi su Židovi u ono vrijeme, uključujući Petra, iščekivali dolazak Mesije (Krista) na svijet. Kad se konačno pojavio, Ivan Krstitelj svojim ga je učenicima jasno pokazao (v. Iv 1,29-36). Jedan od tada prisutnih učenika Ivana Krstitelja bio je i Petrov rođeni brat Andrija, koji je s radosnom viješću o dolasku Mesije odmah otišao k Petru. Petar se zainteresirao i Andrija ga je odveo Isusu da ga upozna s njime (v. Iv 1,40-42).

U duhovnosti, kao i u mnogo čemu drugome, gotovo sve započne time da nas netko u koga imamo povjerenja za nešto ili nekoga zainteresira, i onda nas s tim nečim ili nekim upozna. Tako je i glavna namjera autora ove knjige, kao što sam već spomenuo, da čitatelje zainteresira za Duha Svetoga i za njegove darove, te da ih s njima upozna.

Sjećam se kako sam se snažno zainteresirao za Međugorje kad mi je jedna žena pričala o svojem iskustvu živoga Boga kojeg je tamo iskusila. Poslušao sam je, otišao sam tamo i iskusio isto. Nakon nekoliko godina snimio sam film o Međugorju (*Zašto Međugorje?*), jer sam htio da se što više ljudi zainteresira, da odu tamo i dožive isto to. Film je preveden na više jezika, mnoštvo ga je ljudi pogledalo i duboko sam u uvjeren da su neki baš zbog tog filma otišli u Međugorje i doživjeli isto što i ja.

Sjećam se jednog svećenika koji je nama, tada jednoj maloj grupi vjernika, ispričao kako je na sakramentu krizme primio dar jezika. Njegovo me svjedočanstvo toliko zainteresiralo da mi je u potpunosti promijenilo smjer života. Povjerovao sam tom svećeniku jednako kako je i Petar povjerovao Andriji. I ja sam uz pomoć njegovog svjedočanstva primio taj tako koristan dar za vlastitu izgradnju, te sam s godinama zainteresirao druge koji su ga također primili i zainteresirali treće koji su ga također primili, itd. Tko zna koliko je ukupno ljudi primilo taj dar samo zato što je taj svećenik tada samo maloj grupi ljudi kratko posvjedočio svoje iskustvo. Tko zna kakvu rijeku možemo pokrenuti ako svoje svjedočanstvo ispričamo u pravo vrijeme i na pravi način nekome tko je žedan Boga. Vjerujem da rijeka koju je tada to jedno kratko svjedočanstvo započelo još uvijek, nakon više od trideset godina, i dalje teče, da oni koji su primili i dalje uspješno pokušavaju zainteresirati one koji će ih poslušati, primiti i dalje širiti.

Mogao bih nabrojiti mnoge ljude koji su me, bilo osobno ili knjigama koje su napisali, zainteresirali da nešto istražim, iskusim i prihvatim. Čini se da život svakog čovjeka uvelike ovisi o tome za što i za koga će nas netko zainteresirati. Vratimo se Petru.

Petar je s Andrijom otišao upoznati Isusa; gledao ga je, slušao i razgovarao s njime. To je bilo dovoljno da razumom povjeruje u njega, no još uvijek nije bilo dovoljno da ga odluči slijediti. Mnogi mladi ljudi slušaju i uče o Isusu i to im je dovoljno da razumom povjeruju u njega, no nije dovoljno da povjeruju srcem i da aktivno žive svoju vjeru.

Nedugo nakon što je susreo Isusa, Petar je sa svojom ekipom čitavu noć lovio ribu i nisu ulovili ništa. Tog jutra, nakon bezuspješnog ribolova, Isus je iz Petrove lađe, budući da je bila prevelika gužva, govorio mnoštvu koje ga je na obali slušalo. Kad je završio svoj govor, rekao je umornom i neispavanom Petru neka se otisne malo od obale i ponovno baci mreže. Petar je jako dobro, iz svojeg bogatog ribolovnog iskustva, znao da nema nikakve šanse da će bilo što u to doba dana na tome mjestu uloviti, no ipak ga je, na Isusovo inzistiranje, poslušao. Ulov je bio toliko bogat da je u Petru nestala i najmanja sumnja o tome treba li slijediti Isusa (v. Lk 5,1-10). U životu sam svjedočio mnogim situacijama u kojima se Bog očitovao na sličan čudesan način, ispunjavajući najrazličitije potrebe pojedincima, ali i cijelim grupama ljudi. Gotovo nitko tko takvo što iskusi, ili barem vidi, ne želi otići iz crkve u kojoj se „obilno love ribe"!

Petar je počeo slijediti Isusa s čvrstom željom da se promijeni, da postane bolji čovjek i bolji vjernik. Za vrijeme trogodišnjeg druženja s njime doživio je brojne situacije za koje mislimo da bi nama, da smo ih sami doživjeli, potpuno promijenile život. Vidio je mnoštvo različitih čudesa, čuo je mnoge Isusove propovijedi, vidio ga preobraženog na Taboru kako razgovara s Mojsijem i Ilijom, čuo je Očev glas koji je potvrđivao da mu je Isus sin, doživio je Isusove pohvale i kritike, bio je svjedok Lazarova uskrsnuća iz mrtvih, imao je vlastito iskustvo ozdravljanja bolesnih, istjerivanja zlih duhova i činjenja čudesa, Isus ga je postavio za prvog papu, osobno je primio euharistiju od Isusa... No, sve to nije promijenilo Petra. On je promijenio stil života, svoje ponašanje, životne prioritete, no u duši je u mnogočemu ostao stari Petar. I ti ćeš, čitatelju, vjerojatno sresti mnoge revne vjernike koji su promijenili stil života, no srca su im ostala nepromijenjena.

Nakon što su uhvatili Isusa, Petar ga je javno tri puta zanijekao i nakon toga je pobjegao u strahu da i njega ne uhvate. Petar nije mogao prihvatiti ni povjerovati da Isus mora biti ubijen i da mora treći dan uskrsnuti od mrtvih, iako mu je to sam Isus više puta jasno rekao. Ta jednom ga je čak i strašno prekorio baš zbog toga (v. Mt 16,23; Mk 8,33).

Zaista, kakvo god čudo iskusili, koliko god o Bogu naučili, koliko god molitava izmolili, to još uvijek ne znači da nam srce nije okorjelo u staroj, paloj naravi. A stara narav, koliko god htjela, ne može ni mnogo toga prihvatiti niti mnogo toga vjerovati.

Evanđelist Luka daje nam pretpostaviti što je stvarno promijenilo Petra, a isto tako i ostale apostole. Isus apostolima, nakon što mu nisu povjerovali čak i kad im se nakon uskrsnuća ukazao, prosvjetljuje (otvara) razum da mogu razumjeti Pisma (usp. Lk 24,45; KKC 108). Od trenutka prosvjetljenja razuma (Dar razuma) Petar postaje novi čovjek, vjernik u pravom smislu riječi. Više se ne boji Židova te s grupom od 120 ljudi svakodnevno odlazi na molitvu u dvorani u kojoj je održana Posljednja večera. Petar, osim hrabrosti, pokazuje i iznimno poznavanje starozavjetnih pisama. Njegovi visokoškolovani suvremenici nisu u Isusu prepoznali navještenog Mesiju, a Petar u pismima „pronalazi" čak i Judu (v. Dj 1,15-22). Nevjerojatna Petrova promjena! Odmah nakon izljeva Duha Svetoga na Pedesetnicu, Petar pun Duha Svetoga ustaje i svima prisutnima objašnjava što se upravo dogodilo citirajući im i tumačeći starozavjetne spise.

U trenutku prosvjetljenja Duh Sveti pomaže nam da u njegovom svjetlu vidimo određene istine, jer one tek tada ulaze u naše srce i postaju dio naše osobnosti.

Lazar i bogataš

Sjetimo se prispodobe o Lazaru i bogatašu. Bogataš iz pakla moli Abrahama da pošalje Lazara njegovoj braći jer je bio uvjeren da će povjerovati i spasiti se ako vide nekoga tko je ustao iz mrtvih. Abraham mu odgovara istinom u koju sam se toliko puta uvjerio: ne, neće srcem povjerovati dokle god ne povjeruju Mojsiju i prorocima, odnosno dokle god ne povjeruju Svetom pismu, tj. dokle god im Duh Sveti ne otvori razum da razumiju pisma (v. Lk 16,27-31).

Kad smo već kod Lazara i bogataša, želim skrenuti pozornost na još nešto važno što bi trebalo znati. Kad je bogataš iz pakla molio Abrahama da mu pošalje Lazara s malo vode i ublaži mu žeđ, Abraham mu je rekao da je on svoja dobra uživao za vrijeme zemaljskog života, a Lazar će svoja uživati čitavu vječnost. Zato nikad nemojmo biti zavidni kad vidimo bezbožnike da uživaju u zemaljskim dobrima. Nas u ovom svijetu čeka uska staza puna nevolja, kako nam to evanđelje jasno kaže. Isus nam ne obećava život u kojem ćemo uživati u svjetovnim dobrima. Pravo uživanje nije u svjetovnim dobrima, već u plodovima Duha Svetoga: ljubavi, miru, radosti, dobroti, nježnosti... Vratimo se još jednom Petru.

Duh Sveti nije Petru odjednom rasvijetlio sve što je trebao znati. U Djelima apostolskim vidimo kako je Dar razuma stalno djelovao u njegovu životu i otkrivao mu istine vjere tako da ih može srcem prihvatiti i životom usvojiti. Posebno je to bilo upečatljivo kad mu je u kući Šimuna kožara vizijom prosvijetlio razum o tome što je stvarno čisto i nečisto (v. Djela apostolska, 10. poglavlje). Petar je gladan molio i za vrijeme molitve imao je viziju platna koje se triput spuštalo pred njega. U platnu su bile nečiste životinje koje je Židovima bilo zabranjeno jesti. Triput je čuo glas da ustane, zakolje ih i jede. Svaki je put odbio. Na koncu je čuo glas koji mu je rekao da ne proglašava nečistim ono što je Bog proglasio čistim. Na prvi bismo pogled ovu viziju olako mogli, u najmanju ruku, proglasiti halucinacijom, ako ne i đavolskom. Naime, bio je gladan, a vizija je bila o jelu i protivila se Zakonu. No Petar je itekako dobro znao da je vizija od Boga i da je treba ozbiljno shvatiti. Isus mu je mnogo puta rekao da je došao spasiti i pogane te da i njima treba navijestiti evanđelje, no on to u svojoj židovskoj glavi i židovskom srcu nije mogao ni htio prihvatiti. U ono što ga Isusove riječi nisu mogle uvjeriti uvjerila ga je vizija. Nakon vizije Duh Sveti sasvim mu je jasno rekao da su neki pogani došli po njega, da slobodno krene s njima i uđe u pogansku kuću u koju će ga pozvati.

Mnogo sam toga pročitao i shvatio, a nisam mogao prihvatiti, nisam mogao srcem u to povjerovati dokle god to isto nisam gledao i iskusio u viziji ili u snovima. Mnogi su prve bolesnike ozdravili ili prve opsjednute oslobodili u snovima ili vizijama. Tek su nakon toga povjerovali i to isto činili na javi.

Pavlov primjer

Pavao, tada još Savao, bio je visokoobrazovan; danas bismo rekli mladi, zeleni i nadobudni farizej školovan kod Gamaliela

– tada jednog od najpoznatijih učitelja Zakona. Budući da je sudjelovao u Stjepanovu ubojstvu te u zlostavljanjima i ubojstvima mnogih drugih kršćana, morao je čvrsto vjerovati u to da je to što čini ispravno i Bogu ugodno. Iako je bio vrlo školovan te je zasigurno odlično razumski poznavao Pisma, to mu nije pomoglo da prepozna Isusa kao Izaijinog čovjeka boli, kao Mesiju (v. Iz 53). Da mu se Bog nije smilovao, Savao bi nastavio progoniti kršćane uvjeren da čini Bogu ugodnu stvar (v. Dj 9,4).

Vizija

Na putu u Damask ukazao mu se Isus, kojeg je progonio. To je za Pavla bilo toliko dramatično da je oslijepio te tri dana nije ni jeo ni pio. Treći dan Bog mu je poslao nekog učenika Ananiju, koji se pomolio za njega i preko kojeg je primio ispunjenje Duhom Svetim, proroštvo i krštenje te je ozdravio od sljepoće. Duh Sveti po Ananijinoj mu je molitvi otvorio razum i dao mu razumijevanje Božjeg plana spasenja po milosti. Nitko na ovome svijetu nikakvim uvjeravanjem ne bi na Pavla mogao ostaviti takav učinak kao što je učinila jedna vizija i jedna molitva tog jednostavnog učenika, danas bismo rekli laika. Ta jedna jedina vizija i jedna jedina molitva imale su velike posljedice, ne samo na njegov vjerski život nego i na, doslovno, živote milijardi kršćana kojima je Pavao u nasljeđe ostavio svoje poslanice. Odmah nakon te molitve Pavao je počeo hrabro propovijedati Isusa. Duh Sveti tako mu je snažno otvorio (prosvijetlio) razum da mu se nitko od židovskih učitelja nije mogao suprotstaviti. Pavao nakon toga ostatak života nastavlja imati vizije, ali i sanjati snove te primati proroštva.

Mnogi su sveti ljudi svoj hod prema svetosti započeli upravo prosvjetljenjem razuma.

Sadašnji primjeri

Duh Sveti ne daje prosvijetljen razum samo svecima, papi, biskupima, svećenicima, redovnicima i redovnicama, evangelizatorima, nego i liječnicima, inženjerima, izumiteljima, učiteljima, pekarima, umjetnicima, sportašima, znanstvenicima, ratarima, stočarima, zidarima, konobarima, studentima i učenicima... očevima i majkama, djedovima i bakama... On se daje svima koji su ga žedni, svima koji čeznu za njegovim darovima i spremni su primati njegova očitovanja na njegov način (v. Iv 7,37; 1Kor 14,1). Ni sam nc znam koliko mi je puta Duh Sveti prosvijetlio razum moleći ga u situacijama kad svojom inteligencijom nisam mogao shvatiti, prihvatiti ili riješiti neku situaciju.

Obraćenje

Jednom sam prilikom bio pozvan govoriti grupi od desetak studenata različitih kršćanskih denominacija. Među njima je bio mladić koji je imao vlastitu sliku o Bogu, jako različitu od one opisane u Bibliji. Nakon predavanja molio sam za svakoga od njih pojedinačno. Prilično sam siguran da su mnogi od nas skloni zaboraviti ono što smo čuli i naučili, osim ako nam Duh Sveti kroz molitvu ne utvrdi gradivo očitovanjem Duha i njegove sile, a isto tako mnogo bolje pamtimo ono što smo iskusili od onoga što smo čuli (v. Mk 16,20; 1Kor 2,4; Rim 5,5). Zbog toga ne propuštam priliku da nakon propovijedanja molim za duhovne i tjelesne potrebe onih koji su me slušali. Dakle, kad sam molio za tog mladića, očima duha (dar znanja) vidio sam u njemu glad za istinom i, u isto vrijeme, potpunu nemogućnost da razumije Božju riječ. Nakon kratke molitve oslobođenja (dar jakosti), Duh Sveti potaknuo me da molim (dar savjeta) da mu se otvori razum za razumijevanje Svetog pisma. Rezultat molitve bila je iznenadna silna želja za čitanjem Biblije i nevjerojatno razumijevanje pročitanog. To ga je čitanje dovelo do obraćenja, do potpune promjene života. Otad je prošlo dosta godina, a strast za Božjom riječju još uvijek ne jenjava. Taj je mladić upoznao Isusa, zavolio ga i počeo mu služiti. On je samo jedan od mnogih sličnih primjera kojima sam u životu svjedočio. Dakle, u ovom slučaju dar razuma doveo je do obraćenja.

Talenti

Jednom zgodom, dok sam pisao knjigu *Kako povjerovati*, zamolio sam Duha Svetoga da mi u Svetom pismu pokaže na koji način vjernici danas mogu najučinkovitije evangelizirati. Duh Sveti u trenutku mi je prosvijetlio razum podsjetivši me na prispodobu o talentima. Mnogo sam je puta čitao i razmišljao o njoj, no ovaj sam put natprirodnim nadahnućem znao da tu Isus nije mislio samo na prirodne talente, poput pjevanja i sviranja, nego daleko više na iskustva milosti. Ako je netko iskusio izvanrednu milost Duha koja mu je promijenila život, kao, npr., milost oproštenja, obraćenja, ozdravljenja, oslobođenja ili bilo kojeg drugog izvanrednog uslišanja, taj tu milost (taj talent) može posvjedočiti nekome tko će se naći u istoj ili sličnoj potrebi. Ako dobro trgujemo, tj. ako pravoj osobi u pravo vrijeme i na pravi način posvjedočimo vlastito milosno iskustvo, postoji velika mogućnost da će se ta osoba, kao što sam na početku u Petrovom primjeru već napisao, zainteresirati i iskusiti isto te tako i sama primiti talent kojim će i ona moći trgovati. Već sam spomenuo kako sam i ja, kao mnogi drugi, primio dva silno dragocjena talenta kojima sam vrlo uspješno trgovao, a činim to i dalje: Međugorje i dar jezika. Zašto da odustanem kad mi tako dobro ide?

To što sam u tom kratkom prosvjetljenju razuma primio propovijedao sam mnogo puta i neke sam potaknuo da otkopaju zakopane talente i da njima uspješno trguju.

Bolesna ptičica

Prije desetak godina držao sam petodnevnu duhovnu obnovu u jednom marijanskom svetištu pored Budimpešte, a tema je bila „Očitovanja Duha Svetoga kroz snove, vizije i proroštva". Posljednji dan seminara jedna gospođa dala je sljedeće svjedočanstvo:

Već otprilike trideset godina živim sama. Muž mi je umro nekoliko godina poslije vjenčanja. Patim od dubokog osjećaja usamljenosti, čestih depresija i bolova gotovo u cijelom tijelu. Iako sam vjernica, rijetki su trenuci kad zaista osjećam radost. Na seminar sam došla jer sam na jedan natprirodan način osjetila da trebam doći. Prva tri dana ništa se nije dogodilo, iako je svaki dan završavao molitvom za ozdravljenje, unutarnje iscjeljenje i oslobođenje. Treći dan je bila tema koja je govorila kako snovi, kad su potaknuti Duhom Svetim, mogu pripraviti ili otvoriti naše srce za primanje milosti. Tu noć sanjala sam jedan prekrasan san kojemu nisam mogla otkriti značenje. U snu sam vidjela stablo na čijoj je grani bilo mnogo malih ptičica koje su radosno pjevale. Samo jedna od njih je šutjela i vidjelo se da je bolesna. Promatrajući taj prizor vidjela sam ruku koja je uzela ptičicu na dlan. Na dlanu se ptičica počela polako oporavljati i ubrzo sam vidjela da je ozdravila. Počela je i ona pjevati. Ruka se rastvorila i pokazala ptičici neka odleti, no ona to nije htjela učiniti. Ptičici je na toj ruci bilo toliko dobro da se nije htjela odvojiti od nje. Ipak, nakon nekog vremena, podigla se i odletjela natrag na granu, gdje se pridružila ostalim pticama koje su pjevale.

Čitav dan taj mi je san bio u mislima. Navečer je opet bila molitva. Za vrijeme molitve više puta sam se osjećala prozvanom. Kad je voditelj molitve po daru spoznaje spomenuo jedan od mojih problema, ja bih samo osjetila kako me nešto napušta. Kad je spomenuo da netko prima mir i radost, ja sam osjećala kako neka nevjerojatno lijepa prisutnost ispunja čitavo moje biće. Nakon molitve znala sam da sam u Božjoj ruci i da sam ja ta ptičica koju sam prethodne noći sanjala. Htjela sam zauvijek ostati u toj ruci. Što je to duže trajalo, ja sam se sve više ispunjavala nekakvom, meni nepoznatom, snagom za život. U jednom sam trenutku osjetila da sam potpuno zdrava i da mogu otići s te ruke bez straha. Dan nakon toga ja sam potpuno druga osoba – slobodna i zdrava. Nikad neću moći dovoljno zahvaliti Duhu Svetomu na ovome što mi je sinoć učinio.

Ta je gospođa na početku braka izgubila voljenog muža. Toliko ga je voljela da se nikad poslije nije udavala. Živjela je za svoju kćer. U srcu je prihvatila od drugih ljudi sugeriranu joj „istinu" da je njezin muž umro po Božjoj volji, iako nikad nije shvatila zašto. Kad je počela patiti od usamljenosti i osjećaja odbačenosti, te raznih psihičkih i fizičkih problema, nikako nije mogla ozdraviti, ni po svojim molitvama ni po molitvama mnogih drugih. Promjena srca, ali i cijelog života došla je prosvjetljenjem razuma po snu, a s prosvjetljenjem razuma došlo je i ozdravljenje. Za ovu gospođu vrijedi ono što Psalam 127, 2 kaže:

Uzalud vam je ustat prije zore i dugo u noć sjediti, vi što jedete kruh muke: miljenicima svojim u snu on daje.

Google

Nakon prvog seminara i ispunjenja Duhom Svetim primijetio sam da na meni neobjašnjiv način znam odgovore na pojedina pitanja (ne sva) koje mi ljudi postavljanju, a koja se odnose na duhovnost. Ponekad se u tim situacijama osjećam kao Google kojemu netko postavlja pitanja. Google iz svoje ogromne baze podataka vadi one za koje njegov algoritam misli da daju odgovor na postavljeno pitanje. Moja baza podataka prvenstveno je *Sveto* pismo, zatim katekizam i razni drugi crkveni dokumenti, knjige koje sam pročitao, predavanja koja sam slušao, saznanja koja sam dobio u razmatranjima, iskustva koja sam imao, svjedočanstva koja sam slušao... Kad mi se postavi pitanje, ponekad osjećam kako Duh Sveti iz moje podsvijesti vadi točno one informacije potrebne da razaznam odgovor na postavljeno pitanje. Najčešće sam sâm više iznenađen odgovorom od onoga tko mi je postavio pitanje. Isto mi se događa kad samo razgovaram o nekoj duhovnoj temi ili meditiram o nekom tekstu. Na taj sam način jako puno naučio, a posebno mi je drago što sam naučio mnogo toga što nigdje drugdje nisam ni čuo ni pročitao. Neki takvo prosvjetljenje razuma nazivaju i darom riječi.

Činjenica je da nam takva prosvjetljenja Duh Sveti daje i za svjetovne situacije, a naročito znanstvenicima, kompozitorima, inovatorima, liječnicima dijagnostičarima... no zašto ne i svima drugima koji uz pomoć Duha Svetoga traže odgovore na svoja pitanja, kao npr. učenicima i studentima kad na ispitima odgovaraju na postavljena pitanja.

Nečiste želje

Sjećam se kako sam u jednom periodu života imao prilično problema sa seksualnošću. Znao sam da griješim, da trebam biti čist po tom pitanju, i htio sam to biti, no nikako mi nije uspijevalo. Koliko god se trudio, koliko god se kajao, uvijek bih s vremena na vrijeme pao. U jednom sam trenutku naišao na tekst koji govori o tome zašto bismo trebali biti potpuno čisti po tom pitanju. Počeo sam se intenzivno baviti tim tekstom, razmišljajući i meditirajući o njemu. Što sam se više njime bavio, vidio sam kako se sve više i sve lakše odupirem napastima nečistoće. Nisam odustajao i nakon određenog vremena primijetio sam kako se bez većih problema mogu oduprijeti i najvećim napastima. Ponekad Duh Sveti jednostavno želi da dobro utvrdimo gradivo kako ne bismo opet nakon nekog vremena pali, i zato se prosvjetljenje razuma događa postupno.

Takva se prosvjetljenja mogu dogoditi i onima koji imaju problema s bilo kojom neumjerenošću, poput one u jelu i piću, a na takav se način možemo osloboditi i bilo koje ovisnosti. Odaberimo dobar tekst koji argumentirano govori o štetnosti onoga što činimo, budimo iskreni i uporni i Duh Sveti tako će nas prosvijetliti da ćemo doživjeti potpunu slobodu. Važno je da uporno iznova čitamo, razmišljamo i zamišljamo, te malo-pomalo iskusit ćemo slobodu.

Propovijedi

Preko trideset godina propovijedam Radosnu vijest. Za propovijed se spremam razmatrajući Božju riječ jer želim da me Duh Sveti nadahne, da mi kaže o čemu i kako trebam govoriti. Ponekad ta priprema traje satima, čak i danima, a ponekad nadahnuće bude trenutno. Mnogo sam puta tražio da zbor pjeva još nekoliko pjesama, jer do kraja predviđenog vremena za slavljenje (pjevanje), nakon kojeg trebam početi propovijedati, ja još uvijek nisam primio prosvjetljenje. Gotovo uvijek tijekom meditacije dobijem jednu ili nekoliko misli iz Svetog pisma o kojima onda razmišljam. U trenutku prosvjetljenja jednostavno razumijem ono što mi Duh Sveti želi reći i u propovijedi to isto pokušavam rastumačiti svojim slušateljima. Mnogo sam puta i sam iznenađen onime što izgovaram. No nijedna moja propovijed nije cijela nadahnuta Duhom Svetim. Itekako dobro znam kad u propovijedi prestajem govoriti ja, a počinje on, Duh Sveti; kad završava on, a nastavljam ja. Vjerujem da i mnogi slušatelji vrlo lako uoče tu veliku razliku. Bez dara razuma propovijedi znaju biti i zanimljive, no nemaju snagu dotaknuti i oraspoložiti ljudska srca ni za primanje onoga o čemu govore ni onoga što će se dogoditi nakon propovijedi u molitvi. Ako se Duh Sveti ne očituje u propovijedi, vrlo se vjerojatno neće očitovati ni u molitvi nakon propovijedi. Mnogi to znaju, pa i ne pokušavaju moliti za potrebe prisutnih nakon što su propovijedali.

Moram sasvim ponizno priznati da sam u nekim prilikama bio više prepreka nego pomoć slušateljima, mnogo su me puta pobijedili ponos i oholost, arogancija i prepotentnost, podsvjesna želja za dokazivanjem i isticanjem – ostaci mojeg starog, još uvijek do kraja neotkupljenog unutarnjeg čovjeka. Ponekad se tjednima ne mogu pomiriti s činjenicom da sam na nekoj duhovnoj obnovi slušateljima dao previše sebe, a premalo Boga.

Na isti se način pripremam za pisanje knjiga i članaka. Duh Sveti na jednak način pomaže svima koji žele stvoriti nešto dobro i korisno, a posebno onima koje nazivamo kreativcima i inovatorima.

Znanje

Dar znanja, ili kako se još naziva Dar spoznaje, dar je koji nam omogućuje da od Duha Svetoga primamo nama nepoznate informacije ili znanje. Posebno se to odnosi na informacije ili znanja koje ne možemo primiti po čuvenju i viđenju, tj. po iskustvu i ljudskom shvaćanju (usp. Iz 11,1-4).

To znanje može nam doći kroz snove, vizije, proroštva, razmatranje, unutarnju molitvu ili direktnom objavom.

Donosim primjer trojice biblijskih ljudi, iako u Bibliji možemo pronaći cijelo mnoštvo onih kojima je Duh Sveti davao svoje znanje i na taj način blagoslivljao njih i one kojima su služili. Sjetimo se samo svetog Josipa, koji se brinuo za Isusa i kojem je anđeo davao znanje u snovima, ili Josipa Jakovljevog, kojeg su braća prodala u Egipat i koji je zbog znanja koje mu je davao Duh Sveti postao silno velik čovjek.

Danijelov primjer

Danijel je bio mladi židovski izgnanik u Babilonu kojeg je kralj Nabukodonozor odredio da se školuje na njegovu dvoru. Čvrsto se držao Božjeg zakona i Bog je bio s njime. Jednom je prilikom kralj Nabukodonozor usnuo san koji ga je jako uznemirio. Tražio je od svojih čarobnjaka, gatalaca, zaklinjača i zvjezdara da otkriju što je sanjao i što san znači. Nitko od njih to nije mogao. Kralj se razgnjevio i naredio da se pobiju svi babilonski mudraci, među kojima su bili i Danijel i njegovi drugovi, iako oni nisu ni bili pozvani da protumače kraljev san. Kad je Danijel saznao što se sprema, ponudio se da on kaže kralju što je sanjao i što san znači. Zamolio je trojicu svojih drugova da mole Boga za milosrđe i Bog je Danijelu u noćnom viđenju objavio i san i njegovo značenje. Taj je događaj zapisan u prvom poglavlju knjige o Danijelu. Da Danijel nije vjerovao u snove i vizije, izgubio bi glavu i on i njegovi drugovi!

U petom poglavlju iste knjige opisano je kako je Nabukodonozorov nasljednik Baltazar priredio gozbu i obeščastio posuđe iz Jeruzalemskog hrama. Svi su prisutni tada vidjeli ruku koja je na zidu kraljevske dvorane napisala riječi koje nitko nije znao pročitati. Na kraljičin savjet doveli su Danijela, koji je kralju protumačio njegovu osudu zapisanu na zidu.

U prvom slučaju nitko ljudskim sposobnostima ne bi mogao znati što je kralj sanjao. Znanje koje je Danijel dobio došlo je od Duha Svetoga po noćnom viđenju. U drugom slučaju nitko od brojnih i iskusnih mudraca nije mogao protumačiti nepoznati natpis. I ovdje je tumačenje bilo moguće jedino po Božjoj intervenciji.

Danijel je bio Božji prorok i jedno od njegovih poslanja bilo je tumačenje snova i drugih situacija koje se nisu mogle ljudskim razumom protumačiti. Oba događaja uznemirila su kraljeve, koji su jako dobro znali da se radilo o nečemu što im je sam Bog govorio. Bog im je mogao progovoriti na njima razumljiv način, no on zna da naš razum i naš duh ne primaju informacije uvijek na jednak način. Zato je Biblija prepuna simboličkih slika, snova i vizija; zato je Isus mnogo puta govorio u usporedbama upotrebljavajući razne simbole, te je tako ostavljao slušatelje da u duhu proniknu ono što im je htio reći.

Ne sanjamo li i mi ponekad snove koji jednako uznemirujuće djeluju na nas? Koliki ljudi mogu, npr., potvrditi kako su često sanjali zmije ili bijesne pse prije nego što im se dogodilo nešto loše? No ima i onih koji su se čudesno počeli oporavljati od teške bolesti ili izvlačiti iz teške životne situacije nakon što su sanjali neki od Boga ohrabrujući san, vidjeli ohrabrujuću viziju ili dobili ohrabrujuće proroštvo.

Petrov primjer

U trećem poglavlju Djela apostolskih čitamo kako su Petar i Ivan išli na molitvu u Hram. Na hramskim vratima čekao ih je čovjek hrom od rođenja, kojeg su tamo svakodnevno postavljali kako bi od prolaznika prosio milostinju. Petar i Ivan svakodnevno su tuda prolazili i vjerojatno su ga više puta vidjeli, no ovaj su se put zaustavili i Luka, pisac Djela apostolskih, kaže nam da se Petar zagledao u toga hromog prosjaka jer mu je Duh Sveti u tom trenutku nešto govorio o njemu. Čovjek je očekivao milostinju, no Petar mu je rekao da nema ni srebra ni zlata, ali ima nešto drugo za njega. Doslovno mu je rekao: „Srebra i zlata nemam, ali što imam, to ti dajem: u ime Isusa Krista Nazarećanina, hodaj!" Dakle, imao je njegovo zdravlje. Petar nije ozdravljao sve bogalje koje je u gradu susretao, već se zaustavio kod ovoga potaknut iznenadnom spoznajom/ znanjem da ga Bog želi taj čas ozdraviti. To znanje, ta spoznaja došla mu je direktno od Duha Božjega i u Petru probudila iznimnu vjeru zbog koje je mogao ozdraviti bogalja.

U devetom poglavlju Djela apostolskih opisano je kako je Petar došao k Eneju, čovjeku koji je osam godina ležao uzet u krevetu. Kao što je rekao onome uzetome, tako je rekao i ovome čovjeku: „Eneja, ozdravlja te Isus Krist! Ustani i prostri sam sebi!" Petar je znao da će se dogoditi ono što mu je rekao. On to ne bi izjavio da mu prije toga Duh Sveti nije dao znanje o tome što će se dogoditi.

U oba ova slučaja dar znanja poslužio je za ozdravljenje od teške (neizlječive) bolesti. Nijedan od dvojice bolesnika nije očekivao da će biti ozdravljen, no u obojici se probudila natprirodna vjera nakon što su čuli riječi koje im je Petar izgovorio. Nevjerojatna je moć u riječima koje dolaze po daru znanja. Onaj kome su namijenjene jednostavno zna da mu Bog govori.

U Djelima apostolskim ima i drugih primjera, od kojih je meni jako upečatljiv onaj Ananije i njegove žene Safire, koji su Petra pokušali prevariti lažući mu o svoti za koju su prodali svoje imanje. Duh Sveti dao je znanje Petru o tome da lažu i čak mu je dao da zna što će se dogoditi s njima. Kad ih je odvojeno, prvo muža, a onda ženu ispitao, nakon što su slagali ne samo Petru nego i Duhu Svetome, oboma je rekao da će zbog toga umrijeti, što se isti čas i dogodilo (v. Dj 5,1-11).

Ilijin primjer

Proroci su Božji sluge koji su sposobni razumjeti i prenijeti poruku onima kojima Bog preko njih želi progovoriti. Ilija je bio jedan od najvećih Božjih proroka. Njegov je život vrlo interesantan, između ostalog i zato što vidimo kako mu je Bog davao znanja koja nitko drugi nije mogao imati. Ilija je bio u stalnom sukobu s kraljem Ahabom i kraljicom Izabelom, kojima je navijestio da neće biti ni kiše ni rose dok on to ne naredi. I zaista, tri i pol godine nije bilo ni kiše ni rose.

Kad je zbog suše nastala glad, Ilija je na ulazu u grad Sarfatu susreo udovicu koja je skupljala drva te se zagledao u nju. U tom je trenutku znao da joj se treba obratiti i reći da će joj, iako sada nema gotovo ništa, Bog dati hrane da može hraniti sebe, svog sina i Iliju dokle god ne padne kiša. Udovica je poslušala i tako je i bilo. Poslušala je jer je na njoj neshvatljiv način znala da joj sam Bog preko proroka Ilije govori.

Ilija se jednom zgodom direktno suprotstavio kralju, kraljici i njihovim lažnim svećenicima. Izazvao ih je na svojevrstan dvoboj. Predložio je da oni prikažu životinjsku žrtvu bogu Baalu kojeg štuju, a on će svoju žrtvu prikazati Jahvi, kojega on štuje. Bog koji će se pokazati živim, progutat će žrtvu ognjem, a tko u dvoboju izgubi, bit će odmah pogubljen. Ilija je unaprijed znao što će se dogoditi, inače se ne bi usudio takvo što napraviti.

No nije Ilija uvijek sve znao. Svakako preporučam pročitati Prvu i Drugu knjigu o kraljevima, koje govore o njemu i nasljedniku Elizeju. U njihovim se životima dar znanja često očitovao.

Sadašnji primjeri

Ogroman je broj vjernika kojima je Bog davao znanja koja drugima nisu bila dostupna. Činio je to na isti način kao i danas: kroz snove, vizije, proroštva, razmatranja i unutarnje spoznaje. Kao i prosvijetljen razum, tako i znanje Duh Sveti daje onima koji za njim čeznu i nastoje ga zadobiti, a pogotovo onima koji mu žele učinkovito služiti.

Buduća suradnja

Jednom zgodom, još prije mojeg prvog iskustva s Duhom Svetim, gledao sam *Dnevnik* u roditeljskoj kući. U jednom sam se trenutku zagledao u jednog od političara koji je nešto govorio. Nisam znao ni tko je on ni kako se zove, no u tom sam trenutku, na meni potpuno neobjašnjiv način, znao da ću s tim čovjekom u budućnosti biti prisni prijatelj i da ćemo u nečemu jako važnome surađivati. Upoznao sam ga desetak godina poslije i postao jako dobar prijatelj s njime. Taj je čovjek, zajedno sa suprugom i još jednim meni jako dragim bračnim parom, te s nekolicinom drugih prijatelja, osnovao zakladu koja danas financijski pomaže preko osamdeset kršćanskih udruga koje se bave evangelizacijom.

Otad sam se mnogo puta zagledao u određene ljude i znao nešto o njima, što nikako ljudskim sposobnostima ne bih mogao saznati.

Siguran sam da su mnogi imali takvo iskustvo znanja kad su se zagledali u svojeg budućeg supružnika, ali i u najrazličitijim drugim situacijama.

Ipak, često se to događa na sakramentu ispovijedi. Mnogi će svećenici posvjedočiti da su se više puta sasvim neočekivano zagledali u neku osobu i odjednom znali nešto što je bilo jako važno za dobru i valjanu ispovijed, ali i za rast u vjeri i svećenika i penitenta (osobe koja se ispovijeda).

Sin spašen od smrti

Duh Sveti daje nam znanja i spoznaje o opasnostima koje nas očekuju. Bog, budući da poštuje svačiju slobodnu volju, ne može spriječiti nekoga da sebi ili drugima učini zlo, ali nas može upozoriti tako da mi možemo spriječiti da se zlo dogodi. On ne želi samo sačuvati naše živote nego i sve ono što nam pripada, pa tako i naš posao, materijalna dobra, zdravlje. Znanje o opasnostima koristimo tako da ih bilo izbjegnemo ili ih molitvom uklonimo.

Jedne noći, oko dva sata, u snu sam čuo glas svoga sina, koji me dvaput uplašeno zazvao: „Tata! Tata!" To je bio jedan od snova za koji sam odmah znao da dolazi od Duha, i da je glas koji sam čuo došao od anđela čuvara moga sina. Znao sam da mi je sin u velikoj opasnosti, inače me anđeo ne bi na taj način probudio. Probudio sam se i provjerio je li u svojoj sobi. Nije bio kod kuće. Počeo sam moliti. U molitvi me Duh Sveti podsjetio da je sin nekoliko dana prije spominjao neki skup motorista. Nisam znao gdje je taj skup, no Gospodin mi je u misli stavio ime mjesta u kojem dotad nikad nisam bio. Sjeo sam u auto i otišao ga tražiti. Tada još nije bilo navigacije, autokartu nisam imao, a u dva sata poslije ponoći nisam imao koga pitati. Uz veliku pomoć Duha, našao sam ga u tom dvadesetak kilometara udaljenom selu. Ležao je zgrčen i sklupčan na zemlji u besvjesnom stanju. Pjena mu je izlazila na usta. Njegovi su prijatelji otišli i ostavili ga samog. Najvjerojatnije bi umro da je ostao tamo, ležeći na goloj i hladnoj zemlji. Da nisam poslušao upozorenje koje mi je Bog dao kroz san, i dan-danas bih Bogu mogao postavljati pitanja o tome zašto ga nije zaštitio i zašto je morao umrijeti. To nije bio ni prvi ni zadnji put da me anđeo budi usred noći, a siguran sam da svi anđeli čuvari bude i upozoravaju one o kojima se brinu, no malo je onih koji na ta upozorenja reagiraju na primjeren način. Zato, ako se iznenada probudite usred noći, nemojte ponovno zaspati a da se prije ne pomolite za zaštitu svih onih koji su vam dragi.

Spuštena stopala

Jednom sam zgodom držao duhovnu obnovu u jednoj slavonskoj župi. Predavanje sam držao prije večernje mise, a nakon mise sam po daru znanja molio za prisutne. Duh Sveti, kao i obično, davao mi je znanje o tome što za vrijeme molitve čini. Između ostalog, pokazao mi je kako jednom muškarcu koji je imao potpuno spuštena stopala stvara nove lukove. U molitvi nisam vidio tog muškarca, već samo njegova stopala. Zato sam nakon molitve, za vrijeme svjedočenja, nekoliko puta tražio da se ta osoba javi i posvjedoči što je Bog učinio. Možda se nekome taj problem sa spuštenim stopalima ne čini jako važnim, no mene je Duh Sveti poticao da ohrabrim tu osobu da dadne svjedočanstvo. Iz nekog je razloga htio da se svi uvjere da se to zaista po molitvi dogodilo. Tek sam poslije saznao da današnja medicina nikakvim operacijskim zahvatom nc može podići spuštena stopala, a pogotovo se to ne može učiniti u nekoliko minuta nekom sugestijom. Očigledno je Duh Sveti htio pokazati da je on tu zaista bio prisutan i da je učinio nešto što i Crkva po svojim najstrožim kriterijima mora priznati autentičnim čudom. Taj se čovjek javio tek sutradan. Naime, kad sam tražio da oni koji imaju spuštena stopala izuju cipele i provjere je li se što dogodilo, on to nije htio učiniti jer niti je za to molio, niti je za vrijeme molitve išta osjetio. Tek kad se kod kuće izuo, vidio je da ima nova savršeno oblikovana stopala. Bog je tog čovjeka od tog trenutka počeo silno upotrebljavati i mnogi su preko njega upoznali živoga Boga. Hvala Bogu, danas je u Hrvatskoj i u cijelom svijetu mnoštvo ljudi koji se koriste tim darom moleći za ljude baš na taj način.

Tetina smrt

Nedavno mi je stiglo svjedočanstvo mlade djevojke koja je prisustvovala jednoj od takvih molitava.

Pred nekoliko godina izgubila sam tetku koja se borila s teškim oblikom raka, sarkomom. Za vrijeme njezine bolesti svi smo se u obitelji molili za nju. Svaku molitvenu zajednicu koju sam mogla naći molila sam da moli za tetkino ozdravljenje. Išla sam u razna marijanska svetišta moliti za nju. Na kraju sam sve predala Bogu u ruke i rekla neka bude njegova volja. Sedam mjeseci nakon što smo otkrili da je tetka bolesna, bolest se u potpunosti povukla. Bili smo svi presretni. Doktori su joj bili rekli da je medicinski fenomen. Nakon samo mjesec i pol dana od dana kada smo saznali da je ozdravila, bolest se ponovno pojavila i ona je ubrzo preminula. Srce mi se slomilo. Nisam mogla vjerovati da je takav anđeo od osobe morao prolaziti takvu muku.

No kako ništa u životu nije slučajno, tako nije bila ni tetkina bolest ni moj upis na fakultet. Upisala sam jedan izborni predmet te sam u sklopu tog predmeta morala prisustvovati karizmatskom susretu koji se održavao u Dugom Selu.

Čim sam sjela u dvoranu, osjetila sam da smo svi dobrodošli. Mnogo je ljudi došlo na susret u nadi da upoznaju Isusa. Bend je krenuo svirati, a nakon pola sata slavljenja pojavio se voditelj susreta. Držao je predavanje i kad je završio, rekao je da će sad biti molitva i da svi zatvorimo oči kako bismo se mogli potpuno usredotočiti na Isusa i predati mu ono što nas tišti. Mene je jedino tištalo to što nisam znala je li moja tetka spašena. Nakon molitve bilo je mnogo svjedočanstava, mnogo je ljudi dobilo odgovore na svoju molitvu, no ja nisam. Nakon toga, voditelj je pozvao na pojedinačnu molitvu one koji to žele i bend je krenuo svirati. Otvorila sam oči i rekla samoj sebi: „Dobro, nema veze, vjerujem da je našla svoj spas i da je sada više ništa ne boli." Kad sam to rekla u sebi i pustila, voditelj susreta vratio se prema mikrofonu, zaustavio bend i rekao: „Ovdje je jedna mlada osoba kojoj je netko u obitelji nedavno preminuo. Toj osobi želim samo reći da je taj član obitelji umro u Božjem milosrđu."

Srce mi je krenulo lupati kao malom djetetu. Taj val pozitivnih emocija nikad neću zaboraviti. Na tom susretu našla sam unutarnji mir.

Nevjerojatno je što sve Bog može učiniti kad mu se predamo. Kad je prvi put predala tetu, Bog ju je ozdravio, a kad je predala Bogu svoju želju da sazna što je bilo s tetom, Duh Sveti htio je da zaustavim bend usred pjesme i da joj kažem da je umrla u milosti.

Ako zaista želimo da se Duh Sveti očituje u bilo kojem području naših života, kroz bilo koji dar Duha Svetoga, predajmo to područje ili taj problem u Očevu volju na jednak način kao kad neki zadatak povjerimo nekome u koga imamo povjerenje i za koga smo sigurni da će ga jako dobro obaviti. Kad predamo, ostanimo u stavu primanja. Zato je uvijek dobro Bogu predati problem na početku neke duhovne obnove, hodočašća ili svete mise, kako bismo imali dovoljno vremena da primimo Božji odgovor na svoju molbu još dok smo u njegovoj prisutnosti. Mnogi nikad ne prime jer kad u Božjoj prisutnosti, tj. u molitvi nešto predaju ili nešto zamole, prestanu moliti, tj. izađu iz Božje prisutnosti i očekuju da će im Bog odgovoriti dok ne mole. Moguće je da i hoće, no puno je vjerojatnije da nam Bog odgovori dok smo još u njegovoj prisutnosti. Mnogo puta ne primimo ne zato što nam Bog ne bi htio dati, već zato što mi ne možemo primiti.

Izrasla noga

U jednom našem gradiću predvodio sam trodnevnu duhovnu obnovu za blagdan svete Marije Magdalene. Za vrijeme molitve Duh Sveti dao mi je spoznaju da je među nama žena koja nikad nije hodala bez štaka, jer joj je jedna noga kraća od druge pet centimetara. Izgovorio sam da je Bog ozdravlja. Ona je u tom trenutku osjetila Božju silu u sebi, no ništa se opipljivo nije dogodilo. Nakon svjedočanstava grupa mladih iz te župe okružila ju je i počeli su iz sveg srca moliti. Noga joj je tijekom te molitve, naočigled mnogih prisutnih, izrasla točno koliko je trebalo: pet centimetara. Ona je znala da joj je noga točno toliko kraća jer je dotad imala više operacija te je ukupno jedanaest godina provela u raznim bolnicama. U tom gradiću najviša zgrada imala je četiri kata. Nju je idući tjedan izabrala kako bi se stubama bez ikakvih pomagala penjala i spuštala, uživajući u svojem zdravlju. Duh Sveti progovorio joj je da joj daje zdravlje, dao joj je da osjeti njegovu silu dok je to slušala i dovoljno vremena da otvori srce za primanje. Dar znanja tu je bio nužan. Da nije znala da je Bog ozdravlja u molitvi nakon svjedočanstva, najvjerojatnije se ne bi dogodilo ni približno tako veliko ozdravljenje.

Zna sve o svima

Prije mnogo godina držao sam duhovne obnove u jednoj župi u Zagorju. Na kraju jedne od njih prišla mi je majka s djevojčicom od pet-šest godina. Tu je djevojčicu silno zanimalo kako je moguće da Bog zna sve o svakome, a ima nas toliko na svijetu. O tome je stalno razmišljala i nikako si to nije mogla izbiti iz glave. Rekao sam joj neka se moli Duhu Svetome pa će joj Duh Sveti možda reći ili pokazati kako je to moguće. Nakon nekoliko mjeseci djevojčica je opet došla s mamom i otprilike mi je ovako ispričala što joj se dogodilo:

Molila sam Duha Svetoga i u jednom trenutku mi se dogodilo da sam znala sve o svima. Znala sam sve o svakom čovjeku na ovome svijetu. To uopće nije bilo komplicirano i činilo mi se kao najjednostavnija stvar na svijetu. Nakon nekoliko minuta sve je prestalo i opet nisam ništa znala ni o kome.

Čini se da Bog daje i najnevjerojatnija iskustva onima koji svim srcem nešto zažele.

Letač, vozač i ratnik

Jedan od najljepših snova koje uzdižu moj duh jest san da letim. On se redovito događa kad imam posebno blizak odnos s Bogom. Predivan je osjećaj podignuti se sa zemlje i letjeti ili preskakati ogromne udaljenosti. To je san u kojem mi Bog na najbolji mogući način pokazuje moje trenutačno duhovno stanje. Ponekad jednostavno zahvaljujem Bogu i uživam u letu i u onome što vidim, no ponekad sam ponosan na tu svoju sposobnost koju drugi nemaju i pokušavam je drugima pokazivati. Ponekad mogu visoko i daleko letjeti, a ponekad samo nisko i kratko. Ponekad svi vide kako letim, ponekad me nitko ne primjećuje, a ponekad me vide, ali ih to očigledno čudo ni najmanje ne zanima. Svaka od tih kombinacija za mene ima sasvim konkretno značenje i točno opisuje moje trenutačno duhovno stanje.

Često sanjam i druge meni karakteristične snove u kojima me Duh Sveti opominje i uzdiže. Tako znam sanjati da vozim svoj stari crveni Ford Escort. Najčešće sanjam kako ga vozim bez kočnica i ne mogu ga zaustaviti, ili kako sam ga ostavio negdje i ne mogu ga pronaći. Ponekad se osjećam da vozim neki stvarno skup auto.

Često sanjam kako sam u roditeljskoj kući koja se nalazi blizu granice s Mađarskom. Počinje rat i neprijateljski tenkovi udaljeni su samo nekoliko kilometara. Blizu je šuma i imam dovoljno vremena da pobjegnem i sakrijem se, no nikako ne mogu pronaći ni odjeću ni cipele za koje znam da negdje imam i koje su prikladne za bijeg u šumu. Koliko god se trudio, uopće se ne uspijevam obući.

Iz tih snova vrlo lako mogu spoznati da mi, npr., nedostaje molitve, da sam zaglibio u nekom grijehu ili nekoj slabosti, da sam zaglibio u ponosu, da trebam promijeniti neku odluku, da sam na dobrom putu; daje mi znanje o duhovnom stanju osoba s kojima komuniciram... Vjerujem da svatko od nas sanja snove koji su karakteristični svakom ponaosob, jer Bogu je stalo do toga da se svi spasimo i da svi budemo što bolji ljudi.

Sasvim je razumljivo da snove ni u kojem slučaju ne treba tumačiti sanjaricama i da ne treba svaki san pripisivati Duhu Svetome.

Kako aktivirati dar znanja?

Nedugo nakon svojeg prvog iskustva ispunjenja silom Duha Svetoga prisustvovao sam seminaru oca Emanuela Tardifa. Nakon propovijedi, on bi uvijek molio za sve prisutne naglas govoreći o tome što Duh Sveti u molitvi čini. To bi otprilike izgledalo ovako: „Među nama je muškarac star pedeset i jednu godinu. Prvi si put na ovakvom seminaru i prvi put prisustvuješ ovakvoj molitvi. Gospodin te privukao ovamo kako bi te oslobodio od tvojih dugogodišnjih bolova u leđima i kako bi ti dao ljubav da iz sveg srca možeš oprostiti svome ocu koji te napustio kad ti je najviše trebao", ili „Među nama je žena koja već duže unatoč svoj medicinskoj pomoći ne može začeti dijete. Gospodin te blagoslivlja i ti ćeš uskoro začeti i roditi zdravo dijete", ili „Među nama je mlađi čovjek koji je alergičan na više vrsta hrane. Gospodin te ovog momenta ozdravlja. Već danas moći ćeš jesti što god hoćeš i nećeš imati nikakvih reakcija." Osobe koje su se prepoznale u onome što je on govorio gotovo su redovito imale nekakve fizičke ili osjetilne reakcije: osjećale su vrućinu, uzbuđenje, trnce, lagan povjetarac, ili su jednostavno bile preplavljene mirom i ljubavlju. Nakon molitve su na red došla svjedočanstva i većina tih prozvanih osoba posvjedočila je da ih je Duh Sveti zaista na takav način dotaknuo. Oni koji su ozdravili od bolova ili nekih bolesti za koje su odmah mogli znati da su nestale, svjedočili su svoje ozdravljenje. Naravno, te „prozvane" ljude otac Tardif nikad prije nije vidio i ništa nije znao ni o njima ni o njihovim problemima.

Ja sam ostao zadivljen, a kad je on rekao da Duh Sveti daje takve darove svima koji mu žele svim srcem služiti, i ja sam u dubini srca poželio imati takav dar, takvo znanje, i nakon nekog sam ga vremena i aktivirao, a Duh Sveti kroz taj je dar preko mene u tridesetak godina blagoslovio ogroman broj ljudi. Otac Tardif prva je osoba koju sam čuo da govori kako sedam darova Duha itekako trebamo smatrati karizmama i kako su svi koji su krizmani zapravo karizmatici, znali to ili ne znali, htjeli to ili ne htjeli.

Apostol Pavao u 1. poslanici Korinćanima u 14. poglavlju potiče nas da čeznemo za duhovnim darovima i da ih nastojimo imati u izobilju na izgradnju Crkve. To dvoje – čeznuti za duhovnim darovima i nastojati da ih imamo u izobilju na izgradnju Crkve – najbolji je način na koji možemo neki primljeni dar Duha aktivirati ili neki novi primiti.

Ako vruće čeznemo, onda ćemo nastojati da o pojedinom daru za kojim čeznemo što više razmišljamo, da o njemu što više saznamo te da dođemo nekamo gdje se moli za izljev Duha Svetoga. On se može izliti na nas i u našoj sobi, no mnogima je ipak lakše primiti u atmosferi slavljenja, propovijedanja i molitve vjere, a što se najčešće događa na susretima obnove u Duhu Svetome. Dakle, čeznuti i nastojati ključne su riječi za aktiviranje svakog dara, pa onda i dara znanja.

Mudrost

Božja mudrost neusporediva je s bilo kojom ljudskom mudrošću. Jedino Bog poznaje budućnost i ljudska srca, i zato on jedini zna kako bi u određenim situacijama trebalo reagirati.

Razmišljajući o daru mudrosti, tek sada shvaćam da je jedan od mojih najvećih životnih propusta bio taj što nisam ustrajno srcem molio Boga za dar mudrosti na svim životnim poljima. Pitam se zašto nisam – kad sam već dobivao obilje mudrosti za neka područja – svim srcem čeznuo za mudrošću i na ostalima. Da jesam, bio bih izbjegao mnoštvo grijeha, boli i ranjavanja; donio bih mnogo više dobrih životnih odluka; život bi mi bio plodniji.

Što učiniti kad oboliš od neizlječive bolesti? Što, koga i kako moliti? Ili kad shvatiš da ti se sviđaju osobe istog spola? Što učiniti kad ti se obitelj počne raspadati? Što učiniti kad žarko želiš nekome pomoći, a ne znaš kako? Kako oprostiti i kako se pomiriti s nekime s kim dugo ne razgovaraš? Kako nekog nevjernika zainteresirati za Gospodina, kako mu pomoći da povjeruje i spasi se? To su samo neka od brojnih pitanja na koje nam najbolji odgovor može dati samo Božja mudrost.

Jedan od razloga zbog kojeg svako jutro započinjem svetom misom jest da zatražim Božju mudrost za sve čime ću se tog dana baviti, a posebno ako znam da je nešto izazovno ispred mene. No ne molim samo za mudrost nego i za ostalih šest darova, jer se dan s njima sasvim drukčije odvija.

Salomonov primjer

Salomon je bio sin kralja Davida. Bog mu je dao mudrost kakvu nikad nitko nije imao, niti će je ikad imati. U Prvoj knjizi o kraljevima čitamo kako se to točno dogodilo. Donosim cijeli izvještaj jer će pažljivi čitač iz njega mnogo toga naučiti.

Kralj ode u Gibeon da prinese žrtvu, jer ondje bijaše najveća uzvišica. Salomon prinese tisuću paljenica na tom žrtveniku. U Gibeonu se Jahve javi Salomonu noću u snu. Bog reče: „Traži što da ti dadem." Salomon odgovori: „Veoma si naklon bio svome sluzi Davidu, mome ocu, jer je hodio pred tobom u vjernosti, pravednosti i poštenju srca svoga; i sačuvao si mu tu veliku milost i dao si da jedan od njegovih sinova sjedi na njegovu prijestolju. Sada, o Jahve, Bože moj, ti si učinio kraljem slugu svoga na mjesto moga oca Davida, a ja sam još sasvim mlad te još ne znam vladati. Tvoj je sluga usred naroda koji si izabrao; naroda brojnog, koji se ne da izbrojiti ni popisati. Podaj svome sluzi pronicavo srce da može suditi tvom narodu, razlikovati dobro od zla, jer tko bi mogao upravljati tvojim narodom koji je tako velik!" Bijaše milo Jahvi *što je Salomon to zamolio. Zato mu Jahve reče: „Jer si to tražio, a nisi iskao ni duga života, ni bogatstva, ni smrti svojih neprijatelja, nego pronicavost u prosuđivanju pravice, evo ću učiniti po riječima tvojim: dajem ti srce mudro i razumno, kakvo nije imao nitko prije tebe niti će ga imati itko poslije tebe, ali ti dajem i što nisi tražio: bogatstvo i slavu kakve nema nitko među kraljevima. I ako budeš stupao mojim putovima i budeš se držao mojih zakona i zapovijedi, kao što je činio tvoj otac David, umnožit ću tvoje dane." Salomon se probudi, i gle: **bijaše to san.** (1Kralj 3,4-15)*

Salomon je Bogu prinio tisuću paljenica. Tko zna koliko je dana trebalo da se zakolje, prinese i spali tisuću životinja!? Možda onoliko koliko i apostolima, koji su s još stotinjak drugih učenika devet dana molili i čekali izljev Duha Svetoga koji se dogodio na Pedesetnicu, a možda i više? Postoje trenuci kad smo jednostavno nekom nama neobjašnjivom silom privučeni da više dana uzastopno provedemo u Božjoj prisutnosti jer, na ljudskom umu neshvatljiv način, znamo da će se dogoditi nešto, da ćemo primiti nešto što će nam promijeniti život. Tako je bilo i sa Salomonom. Koji je bio rezultat njegove molitve? Bog se Salomonu javio u snu, u snu je s njime razgovarao i dao mu dar mudrosti. Nebrojeni su primjeri ljudi kojima je Bog kroz snove davao mudrost. Jedan od nama najpoznatijih svakako je primjer svetog Ivana don Bosca, utemeljitelja Salezijanaca. Zato svakako preporučam da pročitate neki njegov dobar životopis.

Mi vjerojatno nećemo biti zaduženi da poput Salomona vladamo nekim narodom, no postoji velika mogućnost da ćemo

„vladati" vlastitom djecom, ili ćemo biti učitelji pa ćemo morati „vladati" povjerenim nam učenicima, ili ćemo biti šefovi na nekom poslu pa ćemo morati „vladati" povjerenim nam radnicima, ili ćemo imati bilo koji drugi autoritet. Konačno, što je još važnije, htjeli mi to ili ne, moramo „vladati" samima sobom, tj. vlastitim duhom, moralnošću i tjelesnošću. Božja mudrost itekako nam je potrebna ako želimo biti uspješni na bilo kojem polju, uključujući obiteljske i bračne odnose, a posebno nam je potrebna ako želimo uspješno evangelizirati.

Evanđelje nam kaže da je Isus rastao u mudrosti, dobi i milosti pred Bogom i ljudima (v. Lk 2,52). I mi bismo trebali neprestano rasti u mudrosti, dobi i milosti ako želimo živjeti plodonosno. I mi bismo poput Salomona, don Bosca i nebrojenih drugih ljudi vjere trebali biti otvoreni za darove Duha Svetoga. Božja mudrost ponekad je toliko suprotna našoj razumskoj mudrosti da je možemo prihvatiti jedino kad nam dođe kroz snove ili vizije.

Sadašnji primjeri

Slika svetog Josipa

Jedan sveti, sad već pokojni župnik, koji je svakodnevno mnogo vremena pred Presvetim zagovarao za svoje župljane, ispričao mi je jedno svoje iskustvo. Donosim ga onako kako sam ga zapamtio. U ratu je njegova župna crkva bila u potpunosti srušena. Nije bilo sredstava kojima bi se opet mogla sagraditi. Župnik je, ipak, usrdno molio i pouzdavao se u Božje svemoguće milosrđe. Jedne je noći u snu začuo jasan glas: „Odnesi na ruševine crkve sliku svetog Josipa!" Budući da mu je to bio prvi put da je, poput mladog Samuela, čuo Božji glas, jako se začudio, no nije reagirao, već je nastavio spavati. Isto se ponovilo još dva puta. Tada je počeo razmišljati što učiniti. Napravio je upravo ono što u takvim situacijama svatko od nas treba napraviti. Zazvao je Duha Svetoga i zamolio ga za mudrost. On ga je odmah nadahnuo da se zapita što se može dogoditi ako glas posluša, a što ako ne. S pravom je pomislio da bi župljani svašta mogli pomisliti o njemu ako ga netko vidi kako po tom vremenu u to doba nosi sliku na ruševine crkve. Pogledao je kroz prozor. Bilo je rano jutro, padala je jaka kiša i na cesti još nije bilo nikoga. Zaključio je da ako ode dok još nikog nema na cesti, jedino loše što se može dogoditi jest da pokisne. No, ako ne posluša glas koji mu se činio Božjim, možda će propustiti nekakav velik blagoslov. Mudro je poslušao glas i učinio kako mu je bilo rečeno. Taj isti dan, jedan je talijanski biskup sa svojom delegacijom obilazio ruševine u ratu srušenih crkava. Njegova je biskupija prikupila sredstva za kompletnu gradnju jedne nove crkve i odlučili su dati novac za gradnju one crkve na čijim ruševinama pronađu sliku svetog Josipa. Župnik je taj dan dobio sav potreban novac, kojim je brzo mogao sagraditi potpuno novu crkvu, ljepšu i veću od prvotne. Može li se slično dogoditi svakome od nas? Naravno da može! Bog nam može daleko više dati od onoga što se uopće usuđujemo moliti ili zamisliti. Takvi darovi često dolaze kroz snove. Ne kaže li psalmist da Bog svojim miljenicima u snu daje?

Jedan na jedan

Često sam od Duha Svetoga potaknut da nekom nevjerniku posvjedočim svoju vjeru. Kad se to dogodi, počinjem moliti za tu osobu. U molitvi tražim Božju mudrost jer znam da samo Bog zna kada, što i kako toj osobi trebam progovoriti.

Nedavno sam imao prilike razgovarati s jednom mladom djevojkom. U razgovoru sam osjetio da me Duh Sveti potiče da joj progovorim o Bogu. Pitao sam je vjeruje li u Boga, na što mi je odgovorila da nije sigurna. Nakon krizme se razočarala u Crkvu i već godinama nije bila na misi, niti je molila. Prvo sam je zapitao – a za to mi nije trebala Božja mudrost – bi li, kad bi se našla u avionu koji zbog kvara motora pada na zemlju, zazivala Boga da je spasi. Nakon kratkog razmišljanja iskreno je odgovorila da bi, i to vjerojatno svim srcem. Rekao sam joj da joj je sada valjda jasno da u srcu itekako vjeruje u Boga, koliko god mu se u razumu opirala. Nasmijala se s iskrenom radošću. Nakon toga, počeo sam u srcu vapiti Duhu Svetome da mi objavi što da joj kažem o njezinu razočaranju Crkvom, i odjednom sam točno znao kako ću je pridobiti da se vrati. Upitao sam je u kojeg se točno sveca razočarala, jer Crkvu čine prvenstveno sveci. Ne možeš otići iz Crkve a da ne odeš i od svetaca ili, kako je to netko zgodno rekao, ne možeš zbog Jude napustiti Isusa. Bila je malo iznenađena, no kad se sabrala, rekla mi je da se nije razočarala ni u jednog sveca, već se razočarala jer u svojoj župi nije vidjela nikog tko bi barem približno spadao u tu kategoriju. Razočaralo ju je što uz sve te mise i ostale pobožnosti nije vidjela nikakvu razliku ni u sebi ni u drugima. Rekao sam joj da to i nije čudo, budući da je Isus svetima naredio da budu nevidljivi, tj. da kad mole, čine to u tajnosti svojih soba; kad poste, da poste tako da ih nitko ne primijeti da poste; kad pomažu, da, ako je ikako moguće, nitko ili što manje ljudi zna da su pomagali; rekao im je da budu neprimjetni, ponizni i samozatajni... Rekao sam joj da znam mnoge koji itekako mole, žrtvuju se i pomažu onima koji im nikad neće moći uzvratiti jer neće ni znati tko im je pomagao. Oni to čine a da ništa ni od koga, pa ni od Boga, ne očekuju zauzvrat. Njima je radost činiti dobro i radost im je ostati neprimijećenima. Upitao sam je bi li ona htjela da se njezina dobra djela razglašavaju ili bi više voljela ostati anonimna. Pogodio sam je u srce. Itekako bi voljela biti baš takva – anonimna, nevidljiva vjernica, koja će svoju pravu vjeru otkriti jedino u takvim „jedan na jedan" evangelizacijskim razgovorima, i to samo zato da bi još nekoga pridobila da isto tako čini.

Tu smo probili led te smo nastavili razgovarati o sakramentima, a posebno o svetoj misi. Nedugo nakon toga vratila se srcem u svoju župu, na radost svojih roditelja koji nikad nisu prestali moliti baš za to. Bez Božje mudrosti to se ne bi dogodilo.

Mudro s Crkvom

Crkva je oduvijek imala problema s osobama obdarenima darovima Duha, ali i obratno – obdareni su imali problema s Crkvom. Odrastao sam u tradicionalnoj katoličkoj obitelji u kojoj je vjera bila jako važna. Budući da nam je kuća bila odmah pored crkve, nismo propuštali nijednu pobožnost. Molili smo svakodnevno i s roditeljima kod kuće.

Jednom sam prilikom u jednoj drugoj župi sudjelovao na križnom putu koji su, na moje čuđenje, umjesto župnika predvodile dvije žene. Bio sam toliko zaprepašten njihovim „spontanim" molitvama da sam samo iz pristojnosti ostao u crkvi. Nisam znao da su bile karizmatkinje, no znao sam da mi strašno „idu na živce". Uvijek se toga rado prisjetim i nasmijem sad kad se i ja nađem u njihovoj ulozi i nailazim na one kojima „idem na živce".

Kad su me neki župnici počeli pozivati da u njihovim župama predvodim duhovne obnove, drugi su postavili pitanje smijem li ja to kao laik činiti, a posebno smijem li ja kao laik moliti za ozdravljenje i oslobođenje. Tada sam zaista zavapio Bogu za mudrost i on mi je stvarno dao obilje mudrosti i hrabrosti. Jasno sam čuo njegove riječi iz knjige Otkrivenja: „Gle, otvorio sam pred tobom vrata i nitko ih neće moći zatvoriti!" Jedino ih Bog preko svojih biskupa može zatvoriti. Okupio sam ekipu, svoje drage Kristofore (nositelje Krista), obišli smo više od tristo župa i održali više od petsto molitveno-evangelizacijskih susreta u raznim dvoranama. Pokrenuli smo evangelizacijski časopis *Book*, koji se već trinaest godina može kupiti na svim kioscima u Hrvatskoj, a čitaju ga i u drugim zemljama. Jedno smo vrijeme, prije krize, imali čak tri različita evangelizacijska časopisa na kioscima. Dosad smo izdali više od stotinu kršćanskih knjiga. Pokrenuli smo školu molitve koja stalno raste, te je sada vodi šestero naših članova zaposlenih na puno radno vrijeme kao voditelji škole. Osnovali smo zakladu, ustanovu, udrugu i izdavačku kuću. Nesporazuma je bilo, ali smo ih uvijek uz Božju mudrost dobrom diplomacijom uspjeli riješiti, ili barem zaobići.

Ništa od toga ne bi bilo moguće bez obilja Božje mudrosti jer nitko od nas nije školovan za bilo što od onoga čime se bavimo.

Kako aktivirati dar mudrosti

Mudrost prati hrabre, one koji su spremni riskirati. Naime, Božja mudrost često je toliko različita od ljudske da stvarno trebamo imati ogromno povjerenje u Boga kako bismo je poslušali.

Čini mi se da je baš ljudska mudrost, ljudska inteligencija najveći protivnik Božjoj mudrosti. Često bih se, kad sam mislio da mi nije nužna Božja mudrost, uvjerio da sam bio u krivu. Koliko god nam stvari ponekad izgledale logično, to ne mora značiti da i Bogu izgledaju logično. Isto tako, previše sam puta odustao od nečega samo zato što nisam molio za Božju mudrost.

Hvala Bogu što još uvijek imam nešto života ispred sebe. Koliko god mi je godina preostalo, premalo ih je a da bih ih živio samo u svojoj mudrosti. Zato savjetujem da kad smo u potrebi, nemojmo uvijek moliti Boga da nam je on riješi, već prvo zavapimo srcem za njegovom mudrošću, jer najčešće i mi sami trebamo sudjelovati u Božjem rješavanju svojih problema.

Jakost

Isus nas poziva da naviještamo njegovo evanđelje u sili (u jakosti) Duha Svetoga, tj. da se sjedinimo s njime u trpljenju za spasenje grešnika i da, ako nas on na to pozove, ozdravljamo bolesnike, činimo čudesa i istjerujemo zle duhove. Ništa od toga ne možemo činiti bez sile Duha, bez dara jakosti. Njegov poziv nije se promijenio i neće se promijeniti do svršetka svijeta. Danas postoji više od pet milijardi ljudi kojima još uvijek nije naviješteno evanđelje. S obzirom na to koliko je u Isusovo doba bilo ljudi na svijetu, to je daleko veći broj od onoga na početku Crkve. Danas više ljudi silno pati i umire od teških i neizlječivih bolesti nego u Isusovo doba. Danas je više hendikepiranih ljudi zbog kojih se mnogi trebaju odreći samih sebe kako bi se brinuli za njih nego u Isusovo doba. I danas živimo u svijetu u kojem smo izloženi vrijeđanju, ponižavanju, neshvaćanju, maltretiranju, pa zato i danas trebamo jakost za opravdavanje i opraštanje, jakost da blagoslivljamo i ljubimo neprijatelje, da molimo za njihovo spasenje... Razlozi zbog kojih je Isus dao da evangeliziramo silom nisu se smanjili, već upravo obratno.

Odrastao sam u duboko tradicionalnoj katoličkoj obitelji koja je zaista čitavim bićem vjerovala u Boga, no nismo vjerovali u moć molitve i žrtve onako kako sada vjerujemo. Zašto nismo? Apostol Pavao piše da ne možemo vjerovati ako nismo čuli, ako nismo pročitali, ako nam nitko nije rekao, ako nam nitko nije posvjedočio, ako nas nitko nije zainteresirao.

Odmah nakon prvog odlaska u Međugorje, iskusio sam snagu posta. Bez ikakva sam problema mogao srijedom i petkom postiti o kruhu i vodi, jer sam nekako u dubini duše u Međugorju osjetio da Bog želi da postim. Duboko u sebi znao sam da taj post ima smisla i nevjerojatnu snagu, jer je bio namijenjen spasenju grešnika. Iz istog sam razloga počeo intenzivno svaki dan moliti krunicu. Sve me to ispunjavalo mirom i dubokom radošću. Osjećao sam se ispunjeno jer sam znao da učinkovito služim Bogu. Mislio sam da će to trajati do smrti, no malo-pomalo zemaljske brige opet su ovladale mnome i milost molitve i posta počela se smanjivati.

Tada sam se, baš u pravo vrijeme, susreo sa Karizmatskim pokretom. Onog trenutka kad sam čuo svjedočanstvo svećenika koji je na krizmi progovorio u daru jezika, koji je rekao da karizme nikad nisu nestale iz Crkve i da ih može imati svatko tko je zaista žedan Boga, moja je vjera dobila dodatni smisao. Povjerovao sam tom svećeniku jer sam na neki meni neshvatljiv način znao da govori istinu. Nekako sam osjećao da govori o nečemu što mi je kao vjerniku nedostajalo.

Ubrzo nakon toga, došao sam na prvi seminar za izljev Duha Svetoga i odmah prvi dan iskusio čudesno ispunjenje Duhom Svetim, a već treći dan iskusio sam puni izljev sile Duha, punine Božje jakosti. Kad sam iskusio to razlijevanje Očeve ljubavi, istog sam trenutka znao da nisam pozvan ljubiti samo ljudskom ljubavlju, ljudskim silama, nego i najvećom mogućom silom, snagom, jakošću: Božjom ljubavlju.

U trenutku spoznaje te Očeve ljubavi, nitko se ne može suspregnuti i svi koji su je iskusili žele je posvjedočiti drugima. Ta se ljubav najjasnije očituje u služenju darovima Duha i zato nas Bog poziva da čeznemo za njima i da ih nastojimo imati u izobilju na vlastitu izgradnju i na izgradnju Crkve.

Daleko najveće moguće dobro koje nekome možemo učiniti jest da mu spasimo život, tj. da mu pomognemo da povjeruje i da baštini nebo. Sva ostala dobra djela dužni smo ne propustiti činiti, no svjedočenje, molitva i prikazanje vlastitih žrtava za spasenje nevjernika i grešnika ni s čime se ne mogu usporediti.

Zasigurno nećemo svi biti u službi naviještanja, evangelizacije, no nitko od nas neće živjeti a da se više puta ne nađe u prilici da nekome može pomoći da povjeruje i spasi se. Sluzi iz Matejeve prispodobe o talentima, koji je zadobio samo dva nova talenta, tj. koji je uspio obratiti samo dvoje ljudi, njegov je Gospodar rekao: „Valjaš, slugo dobri i vjerni! U malome si bio vjeran, nad mnogim ću te postaviti! Uđi u radost gospodara svoga." A onoga koji nije ni pokušao nazvao je zlim i pokvarenim. Nevjerojatno je koliko katolika umre a da nikad nisu ni pokušali nekoga obratiti i ne boje se da će im biti rečeno da su zli i pokvareni i da ne pripadaju nebu!

Sveti Augustin rekao je da je Bog onoliko velik koliko mu naša vjera to dopusti. Ja bih, iz vlastitog iskustva, htio nadodati da je Bog onoliko velik koliko mu naša ljubav to dopusti. U trenutku stvaranja Bog nam je stvorio dušu na svoju sliku i priliku, ispunjenu vjerom i Božjom ljubavlju. U svakome od nas krije se svetac, nevjerojatna snaga ljubavi. Ponekad dio te jakosti i ljubavi spontano otkrijemo kad se nađemo u situacijama u kojima se bez razmišljanja odričemo samih sebe kako bismo pomogli nekom drugom, pa čak i onima koje ne poznajemo ili onima koji nam nisu dragi. Koliki su ljudi ugrozili vlastite živote spontano spašavajući one koji su se utapali, one koji su se našli zarobljeni u požaru, one koji su bili ranjeni u borbi... Spontane reakcije znaju biti dobar pokazatelj naše prave naravi.

Apostol Pavao piše da nam je Duh Sveti darovan kako bismo neprestano otkrivali ono što nam je već dano. Svetost nam je već svima darovana, samo je uz pomoć Duha trebamo u sebi otkriti i živjeti. Sveci ne ljube sve što svijet nudi, zato što ih to ne zanima, jer su shvatili da im ni izbliza ne donosi radost i mir koju im donosi suradnja s Božjom milošću. Svecima je svjetovno često dosadno jer znaju da se prave bitke vode u duhovnim prostorima.

Molitva, post i žrtva bez smisla koji daje Duh Sveti ne donose ni trajnu radost, ni trajni mir, ni trajno zadovoljstvo, niti u sebi imaju jakost, tj. silu Božju.

Filipov primjer

U osmom poglavlju Djela apostolskih opisano je kako je Filip došao u Samariju. Tamo je propovijedao Krista čineći velika znamenja: iz mnogih opsjednutih izlazili su zli duhovi praveći veliku buku, a ozdravljali su i mnogi uzeti i hromi. Svi su se složili da je Filip raspolagao velikom silom, velikom jakošću, i zbog toga su prihvatili vjeru i krstili se. Bili su kršteni, no ni na jednog od njih nije sišao Duh Sveti.

Kad su apostoli to čuli, poslali su tamo Petra i Ivana da polože ruke na njih kako bi primili Duha Svetoga. To je najvjerniji biblijski temelj sakramenta potvrde. Duh Sveti redovito se prima polaganjem ruku apostola, danas biskupa, njihovih nasljednika. No bi li ti Samaritanci uopće poželjeli primiti Duha Svetoga da prije toga nisu vidjeli njegovu snagu u onome što je Filip činio? Bog se u svakom sakramentu potpuno daje, no učinak, tj. plodovi sakramenta ovise o otvorenosti, o raspoloživosti srca osobe koja prima sakrament (v. KKC 1131), a Samaritanci su zahvaljujući Filipu itekako otvorili svoja srca.

Kad bi kandidati za krizmanike imali prilike vidjeti čudesna očitovanja Duha Svetoga po njegovim darovima, mnogi bi se od njih oraspoložili i Duh Sveti po polaganju biskupskih ruku itekako bi se očitovao u njihovim životima. Nažalost, mnogi krizmanici gledaju svoje prijatelje koji su se krizmali i primili darove Duha prije njih i ne vide baš nikakvu razliku kod njih, pa stoga i ne očekuju da će s njima biti drukčije. Kad bi im za pripravu primanja sakramenta netko tko je iskusan u darovima Duha održao barem trodnevni seminar i kad bi krizmanici na sebi iskusili djelovanje tih sedam darova, sigurno je da bi mnogi od njih itekako oraspoložili srce za primanje. Karizmatska obnova u svijetu, pa tako i u Hrvatskoj ima jako dobro razrađene seminare za pripremu primanja darova Duha Svetoga. Kad bi ti seminari prethodili polaganju biskupovih ruku, tj. podjeli sakramenta svete potvrde, sve bi bilo mnogo drukčije. Svi to znaju, ali...

Sveti Franjo Ksaverski

Mnoštvo je vjernika koji su sve ovo vrijeme činili najraznovrsnija čudesa, ljudi koji su uskrsavali mrtvace, ozdravljali i najteže bolesnike i izgonili zle duhove, vjernika koji su surađujući s Duhom Svetim očitovali Božju ljubav prema najsiromašnijima i najugroženijima, onih koji su dali svoje živote spašavajući živote drugih ljudi, koji su sjedinili svoja trpljenja s Kristovim trpljenjima te tako priskrbili milost spasenja mnogima... Mnogi i danas sve to čine.

S obzirom na to da je ova knjiga prvenstveno namijenjena krizmanicima, ovdje želim spomenuti primjer svetog Franje Ksaverskoga, isusovačkog misionara koji je u šesnaestom stoljeću obratio i krstio ogroman broj pogana (nevjernika). Njegova evangelizacija bazirala se na onome što nam je naredio sam Isus, tj. na očitovanju Duha Svetoga i njegove jakosti. U jednom od njegovih izvještaja koje je slao svojim poglavarima možemo pročitati da je ozdravljao bolesnike, oslobađao opsjednute i uskrsavao mrtvace kamo god bi došao, i to se pokazalo kao najbolja metoda evangelizacije. Na jednom su mjestu potrebe bile toliko velike da sam fizički nije stigao obići sve one koji su nepokretni zbog bolesti čekali da dođe do njih. Tada je okupio grupu mladih ljudi u dobi u kojoj danas mladi primaju sakrament potvrde, položio ruke na njih, pomolio se i poslao ih po selima da navještavaju evanđelje, liječe bolesnike i izgone zle duhove. Bog je kroz te mlade ljude ne samo ozdravio mnogo bolesnika, oslobodio mnogo opsjednutih nego su neki od njih i uskrsavali mrtvace. Ti su mladići i djevojke gledali svetog Franju kako svakodnevno čini takva čudesa i zato im nije bilo teško povjerovati da će i oni moći činiti isto, a pogotovo kad im je objasnio da je Isus rekao kako će to činiti oni koji će u njega vjerovati. No, da je položio ruke na njih a da oni nisu prvo gledali njega kako to čini, vrlo vjerojatno nitko od njih ne bi povjerovao i ne bi mogao učiniti ništa.

Možda će netko pomisliti da nam danas takvo što i nije nužno jer imamo najmodernije bolnice, no, kao što sam već napisao, činjenica je da i danas ogroman broj ljudi (daleko veći nego u Isusovo doba), mladih i starih, unatoč svoj zdravstvenoj skrbi, teško trpi i umire od neizlječivih bolesti. Činjenica je da danas daleko više ljudi ne vjeruje u Isusa Krista kao spasitelja i otkupitelja (više od pet milijardi), ne žive kao vjernici i silno im je potrebno obraćenje. Isto tako, činjenica je da se i danas nevjernici puno lakše otvaraju Božjoj milosti i da puno više nevjernika primi milost ozdravljenja i oslobođenja od vjernika jer, ponekad je bolje ne imati nikakvu sliku o Isusu nego imati krivu sliku.

Duboko sam uvjeren u to da nema nikoga kome u životu neće biti potrebna jakost Božja i nadnaravna pomoć Duha Svetoga. Svi taj dar zajedno s ostalima dobivamo po sakramentu krizme, a na svakome je od nas hoćemo li mu se htjeti otvoriti, napuniti spremnike odgovarajućim gorivom i koristiti se njime na opću korist i na izgradnju Crkve.

Sadašnji primjeri

Ljudi heroji

Nebrojeni su primjeri svetih ljudi koji su se doslovno odrekli života kako bi se brinuli o teško bolesnom ili teško pokretnom ocu ili majci, djetetu, bratu ili sestri, djedu ili baki... Mnogi od njih niz su se godina 24 sata na dan brinuli za one koji bez njihove pomoći ne bi mogli živjeti. A mogli su ih ostaviti, mogli su ih prepustiti državi da se brine za njih.

Jednom sam prilikom bio na kupanju na gradskim bazenima. Nikad neću zaboraviti što sam tamo vidio. Otac, u sedamdesetim godinama, doveo je na kupanje sina u četrdesetima. Sin je bio normalno tjelesno razvijen, ali s velikim poteškoćama u kretanju. Mentalno je bio na nivou jednogodišnje bebe. Njegov se otac brinuo za njega i odnosio se prema njemu upravo tako: kao da je godinu dana star. Mislim da nikad dotad nisam vidio takvu vrstu ljubavi između oca i sina. Vidio sam da otac, zbog poodmaklih godina, jedva fizički upravlja sinom i pitao sam se što će biti s njegovim sinom kad on to više neće moći. Ono što me se najviše dojmilo jest to da sam i u ocu i u sinu vidio radost i zadovoljstvo. Ni trunke očaja, razočaranja, samosažaljenja, stida... Mislim da nisam bio jedini koji je to vidio. Tko god je htio, mogao je to vidjeti. Nevjerojatno je kako ponekad lako prepoznamo Boga i njegovu ljubav u trpljenju. Taj otac, ali i nebrojeni drugi ljudi u sličnim situacijama, itekako dobro znaju što je to dar jakosti. Bez Božje jakosti davno bi odustali.

Svjetlosna cijev

Evanđelja nam govore kako je iz Isusa izlazila snaga koja je liječila svaku bolest i svaku slabost i koja je Isusa gonila da ozdravlja (v. Lk 5,17). Nikad neću zaboraviti iskustvo kad sam Božjom silom, Božjom jakošću ozdravio od problema s kralježnicom. Božja je sila ušla u mene i prošla cijelim mojim tijelom, a posebno se zadržala na kralježnici. Od tog trenutka nikad više nisam imao bolove u kralježnici, a otad je prošlo više od trideset godina. Otad sam mnogo puta molio za ljude koji imaju problema s kralježnicom, kukovima, leđima ili ramenima, i zaista, mnogi od njih posvjedočili su da im se dogodilo isto, da je u njih ušla sila koja ih je ozdravila. Kako to objasniti?

Čitao sam knjigu jednog afričkog vrača koji se obratio i krstio se. Između ostalog, u knjizi je opisao na koji način vračari u Africi ubijaju ili na druge načine uništavaju ljudske živote. Vračari su sluge demona koji im daju nadnaravne sposobnosti. Jedna od njih jest da se mogu bilocirati (biti na dva mjesta u isto vrijeme) i na taj način dolaziti do onih kojima žele učiniti štetu. Neki su vračari doslovno sposobni duhom letjeti kamo god požele. Neki od njih svojim duhom iniciraju životinje poput mačaka i određenih vrsta ptica te se koriste njihovim očima i ušima. U to sam se i sam više puta uvjerio. Svoje vradžbine najčešće čine noću od 2 do 4, najčešće točno u 3 sata. Jedino kome ne mogu naštetiti ljudi su koji poznaju Boga i imaju izgrađen osobni intimni odnos s njime te oni koje njihovi anđeli čuvari probude kad vide da su napadnuti. Naime, vračari najviše mogu naštetiti onima koji čvrsto spavaju. Nije nas Crkva uzalud učila da molimo anđelu čuvaru prije spavanja. Kad bi vračari došli do onih koji su imali izgrađen prisni odnos s Bogom, vidjeli bi kako se ti ljudi nalaze u nekakvim svjetlosnim cijevima spojenima s nebom. Ta im svjetlost daje nevjerojatnu jakost koju nijedna vradžbina ne može probiti. Na karizmatskim molitvenim susretima neki pojedinci imaju tu svjetlost kojom su za vrijeme molitve spojeni s nebom. Kad se ti pojedinci približe nekoj osobi za koju mole i dotaknu je, Božja snaga, Božja jakost, ako je ta osoba raspoložila srce za primanje, prelazi na dotaknutu osobu. Zato je Isus rekao da će oni koji će vjerovati polagati ruke na bolesnike i bolesnicima će biti dobro. Ta je snaga neiscrpna jer dolazi iz neba preko one svjetlosne cijevi i ta snaga, budući da je prvenstveno ljubav, može čovjeka osloboditi od bilo kakvoga ropstva, emocionalno ga iscijeliti i tjelesno ozdraviti. Što je ta svjetlost jača i intenzivnija, to će više dobroga učiniti. Mnogo sam puta vidio kako ljudi jednostavno padaju u stanje mirovanja u duhu čim ih ta svjetlost dotakne i počne ispunjavati. Te osobe, ležeći na podu, tada imaju vlastitu svjetleću cijev kojom su spojeni s nebom. Svi ti dotaknuti imaju potpunu slobodu izići iz tog stanja ako žele, no gotovo nitko ne želi jer osjećaju da se nalaze u Božjoj ljubećoj prisutnosti. Ima i onih koji u trenutku dodira tom svjetlošću bivaju oslobođeni od raznoraznih vrsta tlačenja pa reagiraju jednako kao oni koje je Isus u evanđelju oslobađao.

Ta svjetlosna cijev isključivo ovisi o trenutačnom intimnom odnosu s Duhom Svetim i nema gotovo nikakve veze s time je li netko laik ili svećenik: namijenjena je i laicima i svećenicima, svima onima koji zaista vjeruju Isusovim riječima. Zanimljivo je da se sveci na slikama prikazuju s krugom svjetlosti iznad glave. U trenutku kad mole ili služe, taj se krug izdužuje prema nebu i čini duhovnu cijev koja ih povezuje s Božjom jakošću. Više sam puta vidio da se ta cijev može prenijeti na druge osobe da i one služe u istoj sili, baš kako je to činio sveti Franjo Ksaverski.

Sila na Valentinovo

Sila ili jakost Duha Svetoga prisutna je u svakom sakramentu i u svakoj molitvi izgovorenoj u vjeri srca. Ipak, tu silu primaju samo oni koji joj se otvore, samo oni koji oraspolože svoje srce za primanje, oni koji se pripreme za susret s Gospodinom, a pogotovo oni koji mu se zaista predaju. Ta sila, ta jakost prvenstveno je Božja ljubav, i zato može i želi pobijediti svaku mržnju, osudu i neopraštanje, iscijeliti svaku povrijeđenost, izliječiti svaku bolest i osloboditi od svake grešne navezanosti. Sljedeće svjedočanstvo to lijepo opisuje.

Na internetu sam pročitala da Isus liječi. Gutala sam svjedočenja o ozdravljenjima i počela se nadati. Htjela sam otići na neki karizmatski susret, ali svi su bili daleko, a bilo mi je nezgodno pitati muža za još jedan trošak. Molila sam jedine tri molitve koje sam znala: Oče naš, Zdravo Marijo i Slava Ocu. Osjećala sam da mi mržnja koju nosim razdire i dušu i tijelo. Kad bi me napadale

*ružne misli o muževoj obitelji i o drugim ljudima, molila sam –
samo da istjeram te ružne misli iz glave. Molila sam ga, vapila da
me ne ostavi! Pitala sam ga: „Zašto neki ljudi dobiju milost da im
se objaviš? Lako je njima vjerovati! Kako da ja iz te šume religija,
bogova, mišljenja, objava i tumačenja spoznam tko je u pravu?"*

*Jedne sam noći, tužna i očajna, predala Gospodinu svoj život. I
konačno, uz njegovu pomoć, sve moje iluzije da ja imam nadzor
nad svojim životom rastopile su se. Prvi sam put shvatila da ne
mogu pobjeći od svoje odgovornosti i da živim posljedice svojih
grijeha, naročito grijeha neopraštanja. Kad sam uvidjela kakve je
razorne posljedice taj grijeh imao na cijelu obitelj, a tako i na moju
djecu, gorko sam se pokajala.*

*I konačno na internetu otvorim stranicu Kristofora – i doznam za
susret u Osijeku. Zamolim muža da odemo i on pristane. Bilo me
strah, počinjala sam shvaćati da je cijeli moj život bio vrijeđanje
Boga i nesposluh njegovim zapovijedima. Ali kao čičak sam se uh-
vatila riječi g. Lončara da Isus ni od koga nije tražio da postane
savršen prije nego što bi ga izliječio, nego da nam samo treba vjera.
Skupila sam svu vjeru koju sam imala i otišla, znajući da će Bog
baš na mene pogledati.*

*Bilo je to na Valentinovo (...) Pjevalo se, bilo mi je neobično, ali
pjesme su me stvarno dotakle u srce, dobila sam dodatnu vjeru da
je Bog dobar. Nakon slavlja g. Lončar rekao je da ćemo se pomoliti
i da zatvorimo oči kako bismo se lakše usredotočili na Božju prisut-
nost. Tada se dogodilo nešto što mi nije bilo ni na kraj pameti da će
se dogoditi. Zazvao je Duha Svetoga, i u taj je čas dvoranu u kojoj*

smo bili ispunila strašna sila, koja je bila iznad nas poput nevidljiva plašta. I odjednom se spustila na mene i počela me stezati sve jače, bilo je gotovo neizdrživo. Srce mi je udaralo tako da sam mislila da će iskočiti, a obuzimala me tako jaka vrućina da sam se, kako suprug kaže, jako zacrvenjela. Mislila sam, pa što mi je, hoću li pasti u nesvijest ili što? Otvorim oči, malo stane, zatvorim – ono ponovno! A nakon toga – mir, predivan, neopisiv, beskrajan mir i radost, takva radost da se od nje moraš smijati, htio-ne htio. U jednom sam trenutku osjetila kako mi srce ispunjava Božja ljubav, ljubav koja doslovno liječi sve boli i popravlja slomljena srca. Odmah je zatim slijedila spoznaja i koliko ja njega volim! I spoznaja da je Bog sama ljubav! I da voli sve ljude! U nekoliko sljedećih dana imala sam osjećaj da je Gospodin u meni, da ga zanima što drugi ljudi govore, čudio se, veoma se čudio našoj nevjeri koju svjedočimo u svakodnevnom životu.

Sila je zaista bila tamo, baš kao što je i u svakom sakramentu, no samo je oni koji oraspolože srce kušaju u svoj njezinoj punini.

Dar pobožnosti

Na prvi pogled to je dar za kojim malo mladih ljudi čezne. Možda samo zato što nikad nisu upoznali nekoga tko u molitvi zaista uživa, nekoga kome je molitva radost i potreba, tko od molitve živi, tko u molitvi ima prisan odnos s Gospodinom.

Molitva se događa u Božjoj prisutnosti, ona je prebivanje u Božjoj prisutnosti. Bog je sveprisutan i uvijek je s nama, no to ne mora značiti da smo istovremeno i mi s njime. S njime smo, tj. nalazimo se u njegovoj prisutnosti kad svu svoju pažnju usmjerimo na njega.

Bog nas je pozvao na svetost. Starozavjetna riječ za svetost znači odvojenost od svijeta i usmjerenost na Boga. Kad svu pažnju usmjerimo na Boga i na riječi koje izgovaramo, čitamo, slušamo ili o njima razmišljamo, tad svjesno izlazimo iz svijeta i ulazimo u prostor Duha, u Božju prisutnost; tada se posvećujemo, tada nas Bog mijenja.

Kandidatima za krizmu ovo nije teško shvatiti jer u današnje vrijeme raznoraznih internetskih igrica, ali i platformi poput

TikToka i drugih, mladi jako dobro znaju da se vrlo često toliko zadube u to što rade da se potpuno isključe iz okoline, da prestaju biti svjesni prolaska vremena, da niti vide, niti čuju što se oko njih događa, a često nisu svjesni ni vrućine ni hladnoće, ni gladi ni žeđi... Do sličnog „zadubljivanja" dolazi i kad se molitva događa u daru pobožnosti.

Bilo da čitamo Sveto pismo ili da razmišljamo (meditiramo) o bilo čemu što je povezano s Bogom, bilo da prisustvujemo svetoj misi ili euharistijskom klanjanju, da slavimo Boga pjevanjem, da preispitujemo savjest i kajemo se, molimo krunicu, litanije ili neku drugu molitvu, uvijek bismo to trebali činiti tako da smo odvojeni od svijeta i „zadubljeni" u Boga.

Božja prisutnost najveća je korist dara pobožnosti. Neki tu tako primamljivu prisutnost nazivaju pomazanjem. Bog želi da uživamo u njegovoj prisutnosti pa nam zato daje da možemo iskusiti njegov mir, radost, blizinu, ljubav, zaštitu, izlječenje i oslobođenje; daje nam da možemo čuti ono što nam govori. Ta se ljubeća prisutnost, pogotovo u prvim godinama nakon krštenja u Duhu Svetome, očituje i kroz emotivna i tjelesna iskustva. Tako, npr., za vrijeme molitve možemo osjećati ugodnu toplinu ili osvježavajući povjetarac, trnce (strujanje) ili čak fizičke dodire po kosi ili licu; možemo zatvorenih očiju gledati prekrasne boje kako se prelijevaju, osjećati natprirodni mir ili radost... Sva ta očitovanja daju nam na ljudima neshvatljiv način osjetiti da smo od Boga ljubljeni i prihvaćeni. Ta nas voljenost i prihvaćenost uvijek iznova privlači u molitvu. Kad postanemo zreliji u daru pobožnosti, osjetilna spoznaja prerasta u duhovnu.

Dar pobožnosti mijenja našu osobnost postupno i temeljito. S pobožnošću polako ali sigurno dovodimo Božju suverenost i njegovo Gospodstvo u pojedine dijelove vlastite osobnosti. Taj je proces vrlo sličan onome kad su Izraelci osvajali Kanaan. Kanaan ili, kako ga Biblija još naziva, obećana zemlja ili zemlja u kojoj teče med i mlijeko, slika je naše duše. Zamislimo svoju dušu kao potpuno ili djelomično okupirani teritorij koji treba osloboditi. Neoslobođeni dijelovi tog teritorija predstavljaju dio naše naravi zarobljene pojedinim grijesima (oholost, ponos, škrtost, lakomost, lijenost, laž, neumjerenost, bludnost, neopraštanje, nezainteresiranost za Boga...), grešnim ovisnostima i navezanostima (pušenje, alkohol, droga, kocka, pornografija, osuđivanje, ogovaranje, neopraštanje...), negativnim osjećajima (odbačenosti, neželjenosti, manje vrijednosti, krivnje...), strahovima, nemirima... Iza grijeha ili grešne ovisnosti, negativnih osjećaja i strahova gotovo uvijek stoji grešan ili barem pogrešan unutarnji stav, i zato je mijenjanje (obraćenje, otkupljenje, posvećenje, oslobođenje) gotovo uvijek povezano s mijenjanjem unutarnjih stavova. Stavove možemo promijeniti ako ih suočimo s Božjom riječju u razmatranju. Zato je i dar pobožnosti apsolutno nezamisliv bez goriva, tj. bez razmatranja Božje riječi.

Jošuin primjer

Izraelcima je osvajanje Kanaana izgledalo toliko nemoguće da je na kraju samo dvoje njih, od 600.000 ratnika koji su izašli iz Egipta, ušlo u Kanaan. Ostalima se činilo nemogućim, preopasnim ili prezahtjevnim pa nisu htjeli ni pokušati. Umrli su u pustinji, a njihova su djeca ušla u Kanaan. Kanaan je danas poziv na svetost koja se živi u vlastitoj duši osvojenoj za Boga. Čini se da je omjer onih kojima se danas čini nemoguće postati svetima i onih koji ne žele ni pokušati približan onome u Izraelskoj pustinji.

Bog preko Mojsija daje upute Jošui, vođi izraelskog naroda koji će ih povesti u osvajanje Kanaana (v. Jš 1,6-9). Govori mu što treba poduzeti ako želi biti sretan i uspjeti u svim svojim pothvatima. Želimo li mi biti sretni i uspješni u svojim pothvatima? Evo uputa. Bog od njega zahtijeva odvažnost i hrabrost. Jošui je jasno da će svojim ljudskim očima gledati neprijatelja koji će izgledati nepobjedivo, no ako istovremeno „vidi" da je svesilni Bog s njime, neće mu nedostajati odvažnosti i hrabrosti. Ne nalazimo li se mi ponekad pred nerješivim problemima? Koliki će se od nas susresti s neizlječivim bolestima, nerješivim financijskim problemima, teškom depresijom, dubokim osjećajima krivnje, neželjenosti, odbačenosti, manje vrijednosti? Koliki su od nas suočeni s raznim vrstama strahova? Koliki se od nas bore s grijesima i grešnim ovisnostima koje nikako ne mogu pobijediti? Konačno, koliki bi se od nas usudili uistinu predati život Isusu i tako započeti put prema svetosti? Dakle, trebamo smoći hrabrost i odvažnost za borbu. To ćemo postići tako da prestanemo gledati svoju slabost i počnemo gledati Božju veličinu i snagu, da se prestanemo brinuti o sadašnjosti i budućnosti i počnemo se brinuti o vječnosti.

Kako bi u svemu tome uspio, Bog Jošui nalaže da razmišlja (razmatra, meditira) o Božjoj riječi danju i noću. Mnogi to čitaju i nisu se zapitali kako će čovjek koji ima odgovornost za tako brojan narod i silnu vojsku, čovjek koji treba voditi mnoge bitke, uz sve te obveze, meditirati o Božjoj riječi – danju i noću. Danas, velika većina katolika niti čita, niti meditira Božju riječ, najčešće objašnjavajući kako zato nemaju vremena, što je stvarno smiješan izgovor. Možda ne razmatraju samo zato što im nitko nije ni prenio ni usadio ljubav i potrebu za time, nitko im nije posvjedočio vlastita iskustva s razmatranjem Božje riječi, niti ih poučio kako da to čine.

Sigurno je da je Jošua itekako upotrebljavao razum dok je osvajao Kanaan, ali je sigurno i da je njegov duh cijelo vrijeme bio otvoren očitovanjima Duha. To mu je omogućavalo da svaku situaciju rješava u Božjem svjetlu. U jednoj se situaciji pouzdao u ljudsku logiku koja je bila tako očita da je mislio da ne treba Božje svjetlo (savjet, znanje, mudrost), no pokazalo se da je to bila velika pogreška (v. Jš 9,3-16). Nijedna važna odluka ne bi se trebala temeljiti na čisto ljudskoj mudrosti, koliko god se ona u pojedinoj situaciji činila logičnom. Je li nešto za nas dobro ili nije, sa sigurnošću nam može pokazati jedino Duh Sveti – u molitvi.

Sadašnji primjeri

Isus nas je pozvao da kad molimo, uđemo u svoju sobu i zatvorimo vrata, jer želi imati intimno zajedništvo s nama, koje neće biti ometamo ničim i nikim drugim. Isus želi da u molitvi surađujemo s Duhom Svetim i da u Isusovo ime od

Oca tražimo ono na što nas Duh Sveti nadahnjuje. On želi da molimo za sebe, za svoje bližnje, za prijatelje i neprijatelje, a naročito za one koji nam neće moći uzvratiti. Neće moći jer neće ni znati da smo molili za njih. Saznat će u vječnosti i bit će nam vječno zahvalni, jednako kao što ćemo i mi biti vječno zahvalni onima koji su molili za nas.

Ipak, neka prosidbena molitva bude samo manji dio našeg druženja s Bogom. Prvo dobro napunimo rezervoar gorivom, tj. napunimo srce Božjom riječju, jer će samo tako iz srca poteći iskreno kajanje, slavljenje, zahvala, štovanje, a onda i učinkovita prosidba.

Molitvena lista

U jednom sam trenutku shvatio da je moja ljubav prema Bogu i bližnjima onoliko velika koliko je velika moja molitvena lista. Pod bližnjima ne mislim samo na svoju obitelj – ta svi mole za članove svoje obitelji – nego na onu kategoriju ljudi o kojoj govori prispodoba o milosrdnom Samaritancu. I ja danas prolazim putovima i „slučajno" nailazim na one kojima bi trebala moja pomoć. Tako, npr., čujem da je netko na samrti, da je netko teško obolio, da je netko umro, da se netko razvodi; čujem da je netko odustao od vjere... Odlučio sam da više neću, poput levita i svećenika iz prispodobe, prolaziti pored tih ljudi, već da ću, kako to Isus predlaže, ući u svoju sobu i u njegovoj prisutnosti moliti za njih.

Duh Sveti, nadalje, podsjetio me na Isusov savjet o tome da na gozbu trebamo pozivati one koji nam se neće moći odužiti. U trenutku mi je bilo jasno da je Isus mislio na nebesku gozbu i na molitvu za spasenje grešnika. Svi ti siromasi, sakati, hromi i slijepi koje on spominje ustvari su ljudi siromašni vjerom i ljubavlju; ljudi čiji je duh sakat, hrom i slijep (v. Lk 14,13-14). Neće nam se moći odužiti jer će tek u vječnosti saznati da smo molili, postili i prikazivali žrtve za njih.

Napravio sam molitvenu listu na koju sam stavio sve žive i umrle kojih sam se mogao sjetiti. U tome mi je uvelike pomogao moj telefonski imenik u mobitelu. Naime, ne trebamo hodati cestom od Jeruzalema prema Jerihonu kako bismo sreli čovjeka kojeg su ranili i orobili razbojnici. Dovoljno je otvoriti adresar u mobitelu i „prohodati" od A do Ž, tj. proći imena zapisana u njemu te se kod svakoga zapitati treba li on ili ona moju molitvu.

Svoju sam molitvenu listu podijelio na više podlista:
- listu trenutačno najpotrebitijih
- listu obitelji, rođaka i prijatelja
- listu svećenika i biskupa
- listu onih koje sam svojim grijesima ranio
- listu onih s kojima sam zajedno griješio
- listu onih koji su me povrijedili
- listu umrlih
- listu bolesnih
- listu poznanika...

Ipak, najdraže mi je ući u Božju prisutnost i dopustiti Duhu Svetome da on nadahnjuje moju molitvu i donosi mi one kojima je trenutačno molitva najpotrebnija. Ponekad osjećam kako duše pojedinih ljudi, a naročito duše u Čistilištu, grozničavo traže molitvu. Ponekad kao da mi se pojedinci „naguravaju u misli", tražeći da i za njih molim. Zaista je dobar osjećaj kad mi se tako u molitve „naguraju" osobe koje godinama nisam ni vidio ni razmišljao o njima, ili duše koje sam jedva poznavao. Posebno mi je drago moliti za one za koje pretpostavljam da nitko za njih ne moli.

Ipak, najveću pažnju pridajem onima koji su blizu zemaljske smrti. Njih mi je Gospodin posebno stavio u srce. Kad čujem da je netko blizu smrti, a pogotovo netko koga poznajem ili sam ga prije poznavao, ne postoji važnija stvar od molitve za spasenje te osobe. Božja riječ kaže da će se spasiti svi oni koji zazovu Božje ime (v. Dj 2,21; Rim 10,13). Duboko sam uvjeren da se to po iskrenoj molitvi događa. S nekima od njih razvio sam prijateljstvo te sam one koji su umrli odlučio tako dugo podržavati molitvom dok u srcu ne osjetim da su u nebu. Hvala Bogu, ima i onih koji su, nakon što su se predali Bogu, čudesno ozdravili.

Mnoge sam pokušao nagovoriti da učine isto, tj. da naprave svoje molitvene liste, no zaista je jako malo onih koji to žele. Mislim da je razlog tome nedostatak goriva. Bez goriva koje dolazi razmatranjem Božje riječi molitva je mnogima dosadna i neučinkovita pa brzo odustaju.

Oni koji su stvorili naviku moliti za druge znaju da njihov život itekako ima smisla i što se više približavaju završetku ovozemaljskog života, to su zahvalniji Bogu za taj tako neizmjerno velik dar pobožnosti. Ta Bog nam je po tome daru dao da možemo blagoslivljati mnoge. O, kako je na koncu života velika razlika između sebičnih duša koje su život živjele samo za sebe i onih koje su mnogih godina bile uz one koji su vapili za Božjom milošću! Kad bismo se samo malo maknuli od televizora, mobitela ili bilo čega drugoga na što trošimo od Boga darovano nam i ograničeno vrijeme, imali bismo i više nego dovoljno vremena. Naravno, i kad ne bismo bili toliko sebični... Osobno najviše volim proći cijelu listu nedjeljom ujutro kad znam da me nitko neće prekidati. Tako ujedno sve te duše prikažem na svetoj misi. Većina vas krizmanika pred sobom imate preko 3000 nedjeljnih jutara. To je ogroman potencijal da činite dobro molitvom i prikazivanjem misa. Nadam se da shvaćate da oni koji ga iskoriste i oni koji će ostati lijeni i sebični neće u vječnosti imati isto dostojanstvo i neće biti jednako sretni. Nedjelja je ionako dan koji smo dužni posvetiti Gospodinu, a možemo li to učiniti na bolji način od toga da otvorimo srce mnogima koje Bog želi blagosloviti, ali ne može bez naše molitve?

Molitvene grupe prijateljstva

Zamislite koliko bi više vaš život bio blagoslovljen kad biste našli nekoliko prijatelja koji će se obvezati da će svakodnevno moliti jedni za druge. Što bi se dogodilo kad biste svoje prijatelje zamolili da oformite jednu takvu grupu? Tko zna, možda bi jedva dočekali?

Takve grupe molitvenog prijateljstva mogu se osnovati u bilo kojem krugu prijatelja, gdje god postoji imalo vjere u moć molitve i ljubavi prema bližnjemu. Da sam ja vjeroučitelj koji priprema kandidate za krizmu, to je prvo što bih učinio. Kandidate za krizmu trebalo bi učiti svakovrsnoj molitvi i odmah ohrabriti da osnuju molitvene grupe prijateljstva. Trebalo bi im prenijeti vlastita znanja i iskustva te vlastito oduševljenje molitvom i molitvenom grupom prijateljstva.

Molitveni specijalci

Među vjernicima ima i onih koji su se specijalizirali moliti za određene potrebe. Neki su od njih u određenom životnom trenutku primili jasno nadahnuće o tome za koga ili za što konkretno trebaju moliti, dok su drugi postupno u određenom razdoblju razvijali ljubav prema budućim molitvenim nakanama.

Tako ima onih koji većinu svojih molitava i žrtava prikazuju za duše u Čistilištu. Drugi pak mole za svećenička i redovnička zvanja. Neki mole za mir u svijetu. Neki za obraćenje grešnika. Neki mole za bolesnike, neki za umiruće, neki za nerođenu djecu, neki za obitelji u krizi, neki za gladne i siromašne, neki za evangelizatore i misionare... Neki mole na više različitih nakana.

Svi su oni dio svojeg života podredili drugima, podredili nekoj plemenitoj svrsi. Ima onih koji redovito barem jednom tjedno i poste za određenu nakanu. Ako netko, npr., trideset godina moli samo 15 minuta dnevno i posti samo jednom tjedno za duše u Čistilištu, doći će u vječnost s više od 2500 sati provedenih u molitvi i s više od 1500 dana posta. Tko zna koliko će ga duša sa zahvalnošću dočekati u nebu!? Svaka duša u Čistilištu čezne za našim molitvama, a u najvećoj su potrebi one za koje nitko ne moli. No ako nikad nismo razmatrali o Čistilištu, vjerojatno nikad nećemo s ljubavlju i vjerom ni moliti za te duše. Bez razmatranja nema goriva

Ljubav

Dar pobožnosti očituje se u ljubavi. Kad bismo neprestano molili, postili i žrtvovali se, kad bismo prodali sve što imamo i darovali siromasima, a ljubavi ne bismo imali, ništa nam ne bi vrijedilo. Tek kad uđemo u Božju prisutnost, sposobni smo obući se u Božju ljubav i drugima je posredovati.

Sjetimo se svete Majke Terezije i njezinih sestara. Koliko god posla imale, prvo nekoliko sati ujutro provedu u molitvi, euharistiji i klanjanju pred presvetim, pa tek onda, kad se obuku u Božju ljubav, izlaze na ulicu služiti najugroženijima. Te su se sestre potpuno odrekle samih sebe, žive jako siromašno, malo spavaju i jako puno rade i mole, a ipak su danas najblagoslovljeniji red u Katoličkoj crkvi i nemaju nikakvih problema sa zvanjima. Bog je taj koji poziva u redovništvo, a zašto da nekoga pozove nekamo gdje nema istinske ljubavi?

Ako netko poželi naučiti služiti se darom pobožnosti, može se priključiti našoj Školi molitve (www.kristofori.hr) ili zamoliti bilo koga drugoga tko je u molitvi vrstan da ga nauči. Jedno je sigurno: molitva je sve samo ne dosadna.

Dar straha Božjega

A kako je velik onaj koji je našao mudrost, ali nitko ne
nadmašuje onoga *koji se boji* Gospoda. (Sir 25, 10)
Jer kako je nebo visoko nad zemljom,
dobrota je njegova s onima *koji ga se boje.*
Kako se otac smiluje dječici,
tako se Jahve smiluje onima *što ga se boje.* (Ps 103,11;13)

Bog je savršena ljubav i zato se mnogi pitaju zašto bi se trebali
bojati savršene ljubavi. Apostol Ivan tri je godine proveo s
Isusom i bio je učenik kojeg je Isus naročito ljubio. Ivan je imao
strahopoštovanje prema Učitelju, no kad ga je u kasnijoj dobi
ugledao u viziji u njegovoj nebeskoj slavi, toliko se uplašio da
je od straha kao mrtav pao pred njegove noge (v. Otk 1,9-18).
Skloni smo Isusa podsvjesno uspoređivati sa sobom, no on je
neizmjerno veći od bilo kojeg čovjeka i zato, kad milošću Duha
vidimo ili iskusimo samo dio njegove beskrajne veličine i svetos-
ti, automatski bivamo ispunjeni strahom Božjim. Strah Božji je-
dan je od najcjenjenijih darova. Prema Bibliji, svatko čiji je život
obilježen strahom Božjim, silno je blagoslovljen. Pa kako i ne
bi bio!? Taj strah imaju samo oni koji su iskusili Božju veličinu.

Čovjek boli

U 53. poglavlju knjige proroka Izaije prorok nam opisuje što je sve Isus učinio za nas. Izaija je u viziji promatrao Isusovu muku, šest stoljeća prije nego što se stvarno dogodila. Dok je promatrao, vidio je i duhovnu stvarnost onoga što se zaista događalo i s pravom se pitao koliko će ljudi u budućim stoljećima povjerovati u ono što je tada vidio. Ovdje odmah želim reći da, kao što je Izaija promatrao Isusovu muku prije nego što se ona u stvarnosti dogodila i na taj način unaprijed sudjelovao u njoj, tako je i mi možemo promatrati unatrag i sudjelovati u njoj. Nije samo Izaija promatrao Isusa nego je i Isus promatrao Izaiju. Izaija je u svojoj viziji vidio mnoge koji su Isusa prezreli, odbacili i napustili; mnoge kojima Isus nije bio privlačan, koji su se udaljili od njega, odlučili ga ignorirati. Vidio je da je Isus svejedno svojevoljno svojom krvlju platio kaznu za grijehe i opačine sviju, da je na sebe uzeo naše boli i ponio naše bolesti, vidio je da nas je svojim ranama izliječio. Vidio je da je Isus umirući na križu vidio svete, grešnike, bolesnike, patnike, umiruće i druge koji će mu se sve do svršetka svijeta vjerom moliti i koji su već tada unaprijed bili uslišani. I zato je Izaija zapisao da je Isus već uzeo naše boli i ponio naše bolesti, da je platio kaznu umjesto nas za naše grijehe i naše opačine, da nas je već svojim ranama izliječio (v. Iz 53,1-5). On je u duhovnom smislu unaprijed odgovorio na naše molitve. Sveti Ivan Pavao II. u svojoj enciklici o euharistiji piše da je Isus ustanovio euharistiju kako bismo po njoj uvijek iznova mogli sudjelovati u toj jednoj jedinoj Isusovoj žrtvi koja se dogodila samo jednom u povijesti. Isusova se žrtva ne ponavlja, nego ti i ja u svakoj misi trebamo biti svjesni da smo se u trenutku kad primimo njegovo Tijelo sjedinili s njime, da smo izišli iz vremena i prostora. U trenutku pričesti mi uvijek iznova, poput Izaije, očima duha promatramo Isusovu muku i Isus promatra nas, te tako uvijek iznova u njoj sudjelujemo. Iako naš razum najčešće ne vidi ništa, naš unutarnji čovjek itekako prisustvuje Isusovoj muci. Ako mu s vjerom u njegovu dobrotu u pričesti predamo svoje ili tuđe boli i slabosti, svoje ili tuđe grijehe, svoje ili tuđe bolesti, strahove... on će ono što mu predamo uzeti na sebe i s time učiniti ono što je najbolje za nas. Ako mu ne predamo ništa, ništa se neće dogoditi, s mise ćemo se vratiti kakvi smo i došli. Nažalost, mnogi toga nisu svjesni, samo zato što im to nitko nije prenio, jer im to nitko nije usadio. I zato u misi, u Isusovoj žrtvi, kako to Izaija piše, ne vide ništa zanimljivo ni korisno.

Isus je ustanovio i sakrament ispovijedi. Kad pred svećenikom ispovijedamo grijehe, također se u duhovnom smislu nalazimo pred Isusom koji na križu umire za nas. Ako se kajemo, on našu kaznu prima na sebe i preko svećenika nam daje odrješenje. Zato je dobro prije same ispovijedi sjetiti se da od trenutka kad se počnemo ispovijedati, Isus nas promatra i sluša s križa, i uzima grijehe koje mu s kajanjem predajemo. On na sebe uzima i posljedice grijeha pa zato možemo i trebamo prikazivati njegovu žrtvu Ocu za one koje smo svojim grijesima na bilo koji način oštetili. Isus može zlo ili štetu koje smo im nanijeli okrenuti na njihov blagoslov. Dakle, po ispovijedi Bog nam oprašta grijehe, a po euharistiji nas oslobađa od navezanosti na njih i oslobađa nas od njihovih posljedica.

Molitva koja se događa u duhu ne poznaje ograničenja vremena ni prostora. Možemo moliti za ono što se već dogodilo, kao i za ono što će se tek dogoditi. Tako, npr., ako nam je netko tko nam je bio drag prije više godina iznenada umro a da nije imao priliku ispovjediti se, trebamo znati da u trenutku umiranja Bog u svojem beskrajnom milosrđu daje dovoljno vremena svakoj duši da zazove njegovo ime i da se pokaje za grijehe, čak i ako se nije ispovjedila. Božja nam riječ kaže da će biti spašeni svi oni koji zazovu Božje ime, no često ljudska oholost i ponos, ali i sam đavao, čovjeku ne daju da se u tom posljednjem času ponizi pred Bogom. Ipak, ako svim srcem zazovemo Boga, on će izliti svoju milost na nas i osoba za koju molimo zazvat će Gospodinovo milosrđe, bit će spašena i neće završiti u paklu. No neusporedivo je veća milost ispovjediti se u sakramentalnoj ispovijedi.

Probaj se zapitati je li Isus u samom trenutku smrti te osobe vidio tebe kako ga nakon petnaestak ili puno više godina moliš za spasenje te osobe. Naravno da jest. U tom je trenutku vidio ne samo tebe nego i sve one koji će u budućnosti moliti za tu osobu, i ne postoji nikakav razlog zbog kojeg Isus već tada, u tom jedinstvenom trenutku umiranja, ne bi uslišao molitve koje će se tek dogoditi. Volim moliti za trenutak kad ljudi umiru. Kad uđem u duh, vrlo se često iznenadim kad vidim tko mi sve dolazi u molitve. Primijetio sam da mi najčešće dolaze oni koji su si sami uzeli život. Ako nisam mogao fizički biti tamo u trenutku njihove smrti i tako ih zagovarati, itekako to mogu u duhu u kojem nema prostornog i vremenskog ograničenja činiti.

Isto tako, mi već sada možemo moliti za trenutak svoje smrti ili smrti nekoga drugoga. Pretpostavimo da ćeš umrijeti za sedamdesetak godina, a sad već moliš za trenutak svoje smrti. Uostalom, ne činimo li to u svakoj Zdravomariji (*... moli za nas grešnike sada **i na času smrti naše***)? Bog će, kad budeš umirao, gledati sve molitve upućene za trenutak tvoje smrti, one koje su izrečene prije tvojeg umiranja i one koje će nakon tvoje smrti biti izrečene, i ne postoji nikakav razlog da ih ne usliši ako su izmoljene vjerom.

To prebivanje izvan prostora i vremena događa se u ispovijedi i svetoj misi, kao i u molitvi. Ako toga nismo svjesni, ako u to ne vjerujemo, ako još uvijek nemamo iskustvo prebivanja u Božjoj prisutnosti u kojoj nema ograničenja prostora ni vremena, to nikako ne znači da trebamo odustati. Iz iskustva znam da ništa na ovome svijetu ne može biti zanimljivije, uzbudljivije i korisnije od prebivanja u Božjoj prisutnosti. I znam da se to prebivanje događa onima koji svim srcem za njom čeznu. Ja sam čeznuo i dogodilo mi se, i dat ću sve od sebe da nikad ne završi.

Crkva nas snažno potiče da od malih nogu postajemo vrsni u svakovrsnim molitvama (razmatranju, unutarnjoj molitvi, slavljenju, zahvaljivanju, prosidbenoj molitvi, zastupničkoj molitvi...). Mi smo u Kristoforima oformili Školu molitve i redovito nam dolazi tristotinjak polaznika sviju dobi i uzrasta (v. www.kristofori.hr).

Evanđelisti nam pišu kako su Isusa, nakon što su ga osudili, prvo nemilosrdno vrijeđali, pljuvali mu u lice, udarali šakama i nogama te čupali za kosu da ga što više ponize, a onda su ga privezali za stup i nemilosrdno bičevali da mu zadaju što veći bol. Isus se nije ni bunio ni odupirao. Strpljivo i s najvećom ljubavlju plaćao je kaznu umjesto nas grešnika i na sebe uzimao bol i sve druge posljedice nepravednosti, jer grijeh je uvijek nepravednost prema sebi, Bogu ili bližnjemu. Prihvatio je da bude odbačen i prezren kako bi na sebe mogao uzeti našu bol odbačenosti i prezrenosti.

Bog nas neizmjerno ljubi i u svemu poštuje našu slobodnu volju, a ipak, mnogi ga, kao što sam već spomenuo, ne žele u svojim životima; mnogi ga preziru, odbacuju, ignoriraju; mnogima nije nimalo privlačan, a posebno ne kao utjelovljena riječ Božja. Čovjek bi pomislio da ga odbacuju glupi ili zli ljudi, no Izaija je dao i vrlo točan opis mnogih krizmanika koji nakon krizme odlaze iz crkve. Odlaze jer im, kako to Izaija u tom istom 53. poglavlju kaže, Isus nije privlačan, jer na njemu ne nalaze ništa zanimljivo, ništa u što bi se zagledali; dosadan im je ili prezahtjevan, neki čak misle da je i nepravedan. Neki ga u srcu prezru, neki odbace, no većina ga samo odluči ignorirati, ne poštovati ga, ne bojati ga se i ne živjeti po njegovim riječima. Ima i onih koji misle da ga mogu poštovati a da ne poštuju njegovu Crkvu, tj. njegovo mistično tijelo. Bez Crkve nema sakramenata, a u sakramentima se Bog potpuno daje svima, pa i najvećim grešnicima, i na sebe uzima sve ono što mu vjerom srca i pouzdanjem u njegovu dobrotu predamo. Mnogi krizmanici odlaze iz crkve uglavnom zato što ih nitko nije na pravi način zainteresirao, prenio im vlastita iskustva vjere i usadio vlastito shvaćanje vjere.

Koji je smisao zemaljskog života?

Živimo zemaljski život zato da bismo svojim postupcima i životnim odabirima odredili svoju vječnu sudbinu. Bog je savršeno pravedan i nepristran. On ne želi da u njegovom vječnom kraljevstvu, ali ni u paklu, itko smatra kako mu je pozicija nepravedno dosuđena, ne želi da itko misli kako je nekima nezasluženo (nepravedno) bolje nego njima. Trebali bismo znati da u nebu neće svi biti jednako sretni ni u paklu svi jednako kažnjeni. Ako trajanje zemaljskog života usporedimo s vječnošću, osamdesetak godina je poput jednog jedinog treptaja oka. U tako malo vremena možemo izgraditi izvanredno dobru vječnu poziciju u nebu, ali si možemo priskrbiti i vječne muke u paklu. U nebu će količinu i kvalitetu naše sreće određivati djela što smo ih iz ljubavi u ovozemaljskom životu uz pomoć Božju činili, i dobre, Duhom Svetim nadahnute nakane za kojima smo čeznuli. U paklu će količinu i intenzitet muka određivati neokajani grijesi koje smo u ovozemaljskom životu počinili i propuštene prilike u kojima smo mogli činiti, ili barem željeti činiti dobro.

Biblija kaže da se spašavamo po vjeri, da sami biramo između blagoslova i prokletstva, i zato ako zaista u srcu i razumom vjerujemo da ovozemaljskim životom određujemo svoju vječnu sudbinu, onda ćemo u skladu s tom vjerom i živjeti. Samo o nama ovisi koliko i kako ćemo ljubiti, koliko i kako ćemo biti zahvalni, koliko i kako ćemo praštati, koliko i kako ćemo se za druge žrtvovati; samo o nama ovisi kakav ćemo intimni odnos s Isusom, Duhom Svetim i nebeskim Ocem izgraditi.

Što bi napravio kad bi nekim slučajem dobio deset milijuna eura na lotu? Mogao bi sve podijeliti u dobrotvorne svrhe i/ili uložiti u evangelizaciju, mogao bi sve potrošiti na sebe i svoje najmilije, a mogao bi se odlučiti neki postotak dati, a ostalo zadržati. Ili da malo okrenem: kad bi ti netko namjerno iz zlobe ubio brata ili sestru, što bi učinio? Bi li mu oprostio ili bi ga mrzio do smrti? Vjerojatno nećeš dobiti na lotu, ali ćeš zasigurno u životu malo-pomalo potrošiti ogromnu količinu novca, a samo o tebi ovisi na što ćeš ga trošiti. Vjerojatno ti nitko neće ubiti brata ili sestru, ali ćeš doživjeti nebrojene situacije u kojima će Isus očekivati da oprostiš, jer bit će ti oprošteno onako kako si ti oprostio. Sigurno ćeš iskusiti jako puno toga na čemu ćeš moći biti zahvalan, a na tebi je hoćeš li zahvaliti ili ne, jer Sveto pismo kaže da nitko nezahvalan neće ući u nebo. U životu ćeš više puta moći pročitati, proučiti, promeditirati cijelu Bibliju i tako jako dobro upoznati Boga, moći ćeš s njime uspostaviti osobni intimni odnos i manje ili više vremena provoditi u njegovoj prisutnosti. Hoćeš li, i koliko ćeš, o tebi ovisi. Moći ćeš moliti za mnoge kojima je molitva itekako potrebna, a posebno za grešnike i duše u Čistilištu. Hoćeš li, koliko, i za koliko ljudi – o tebi ovisi... Uza sve to nabrojano još uvijek možeš imati i više nego dovoljno vremena i svega drugoga za mnoštvo stvari koje će te u ovom svijetu veseliti i ispunjavati. Nikad ne zaboravimo da nam je Bog dao dva najveća moguća resursa za činjenje dobroga: vrijeme i slobodnu volju. Nikad se nemojmo zavaravati i uvjeravati da nemamo dovoljno vremena ili volje. Ako postavimo Boga na prvo mjesto, imat ćemo i napretek vremena, volje i sredstava.

Ako ne čeznemo za nebom i ako se ne bojimo pakla, to samo znači da još uvijek nismo susreli živoga Boga, da još uvijek nismo bili ispunjeni Duhom Svetim i iskusili Očevu svetost i veličinu; to znači da još uvijek nemamo iskustvo straha Božjega. A Bog je tako blizu i silno želi baš to...

Job

Kad u duhu spoznamo veličinu i primamljivost Božju, tada nam vječnost postaje prioritet. Tada životne odluke nastojimo donijeti u skladu s Božjom voljom, bojeći se da ne povrijedimo ljubav prema njemu i bližnjemu. Kad iskusimo strah Božji, počinjemo mudro živjeti, znamo što trebamo gledati i slušati, a što ne. Koliko god blagostanja nakupili i koliko god da nam ono čime nas Bog blagoslivlja postane privlačno, nikad nemojmo svoj pogled predugo zadržavati na tome. Upravo je tako živio starozavjetni Job. Iako ga je Bog blagoslovio te je bio silno bogat, Job svoj pogled nije zadržavao na svome imanju. On je daleko više „gledao" Boga. Sve što je imao pričinjavalo mu je radost, no ta radost nije nadmašivala radost koja je dolazila od Boga. Sadašnjost nije mogla nadvladati vječnost. Oni koji su postigli prisnost s Bogom znaju da ništa na ovome svijetu ne može dati više od same povezanosti s Bogom, ništa što je prolazno ne može se usporediti s vječnim i neprolaznim.

Job je imao karakter sluge i sve što mu je Bog darivao smatrao je odličnim sredstvom za pomaganje bližnjima u nevolji. Služenje, tj. pomaganje bližnjima bilo je kod Joba važnije od posjedovanja, i zato ga je Bog mogao blagoslivljati obiljem. Kad posjedovanje stavimo ispred služenja, tada ono postaje idolopoklonstvo i prijetnja našem spasenju. Pogledajmo kako Job sam opisuje svoj karakter.

Jer, izbavljah bijednog kada je kukao i sirotu ostavljenu bez pomoći. Na meni bješe blagoslov izgubljenih, srcu udovice ja veselje vraćah. Pravdom se ja kao haljinom odjenuh, nepristranost bje mi plaštem i povezom. Bjeh oči slijepcu i bjeh noge bogalju, otac ubogima, zastupnik strancima. Kršio sam zube čovjeku opaku, plijen sam čupao iz njegovih čeljusti. (Job 29, 12-17)

Sa svojim očima savez sam sklopio da pogledat neću nijednu djevicu. (Job 31, 1)

Ako kada prezreh pravo sluge svoga ili služavke, sa mnom kad su se parbili što ću učiniti kada Bog ustane? ... Ogluših li se na molbe siromaha ili rasplakah oči udovičine? Jesam li kada sam svoj jeo zalogaj a da ga nisam sa sirotom dijelio? ... Zar sam beskućnika vidio bez odjeće ili siromaha kog bez pokrivača a da mu bedra ne blagosloviše mene kad se runom mojih ovaca ogrija?... Zar sam u zlato pouzdanje stavio i rekao zlatu: „Sigurnosti moja!" Zar sam se veliku blagu radovao, bogatstvima koja su mi stekle ruke? Zar se obradovah nevolji dušmana i likovah kad ga je zlo zadesilo, ja koji ne dadoh griješiti jeziku, proklinjući ga i želeći da umre? Ne govorahu li ljudi šatora moga: „Ta koga nije on mesom nasitio?" Nikad nije stranac vani noćivao, putniku sam svoja otvarao vrata. Zar sam grijehe svoje ljudima tajio, zar sam u grudima skrivao krivicu jer sam se plašio govorkanja mnoštva i strahovao od prezira plemenskog te sam mučao prelazeć svog praga? (Job 31, 13-14, 16-17, 19-20, 24-25, 29-34)

Job je živio točno onako kako Bog želi da živimo. Unatoč svojem pravednom životu redovito je Bogu prinosio žrtve okajnice za svoje grijehe i za grijehe svoje obitelji. Dobro je znao da, koliko god se trudili, ne možemo u ovom prljavom svijetu ostati savršeno čisti, uvijek nam je potrebno čišćenje. Znao je da Bogu ne smeta ako se nehotice uprljamo, već mu smeta ako ne dolazimo k njemu da nas njegova krv uvijek iznova očisti.

Jobu je bila radost pomagati drugima svime što mu je Bog davao. Nikad mu nije ni palo na pamet da nešto traži zauzvrat od Boga ili od onih kojima je pomagao. Štoviše, bio je Bogu zahvalan što mu je omogućio da može pomagati. I nama bi trebala biti radost pomagati drugima, a posebno zato što to činimo onime što nam Bog daje.

Marija

Nitko nikad za vrijeme ovozemaljskog života nije poznavao Božju veličinu kao što ju je poznavala Marija, Isusova majka. Nikad nitko nije ljubio Boga i imao takvo strahopoštovanje prema njemu kao što je to imala Marija. Nikad nitko nije bio toliko čist kao što je to bila Marija. Marija je začeta bez istočne krivnje; začeta je bezgrešna i bezgrešna je ostala.

Nikad nitko nije toliko volio, no ni trpio koliko je trpjela Marija – naravno, izuzev njezina sina Isusa. Marija je bila prepuna Božje milosti, a milost je usko povezana s čistoćom, mirom i slobodom duha, sa svime onime što je suprotnost ovome svijetu. Svaki susret s grijehom i nepravdom donosio joj je bol. Ta i nama, koji se ni približno ne možemo usporediti s njom, mnoge grešne i nepravedne situacije nanose bol, mnogi od nas čak ni na televiziji ne mogu gledati nepravdu. Ipak, njezina najveća bol bila je spoznaja da mnogi od nas odbacuju sami sebe, dar vječnog života; mnogi od nas ginu jer ne poznaju istinu evanđelja, nemaju pravu spoznaju Boga (usp. Hoš 4,6).

Marija je bila puna milosti a da o tome nije ni razmišljala, niti bila svjesna toga. I zaista, mnogi iznimno dobri ljudi uopće ne razmišljaju o sebi na takav način, ne vide u sebi ništa što bi bilo vrijedno divljenja; oni se uvijek dive Bogu. Što više ljube, to više imaju potrebu ostati neprimijećeni. Zato je Marija, Isusova majka, za mnoge ostala neprimijećena.

Marija je savršeno poznavala vrijednost trpljenja prikazanog i sjedinjenog s Isusovim trpljenjem iz čiste ljubavi. Što smo njoj sličniji, tj. što bolje poznajemo njezina sina, to više prepoznajemo vrijednost trpljenja, žrtve iz čiste ljubavi. Mnogim je svecima najteže bilo podnositi „popularnost". Bolje su se osjećali kad su bili klevetani, proganjani i osuđivani nego kad su bili hvaljeni i slavljeni, jer oni koji imaju strah Božji znaju svoju ništavnost i ne pada im na pamet slavu koja pripada Bogu pripisivati sebi. Zato će mnogi posljednji u svijetu u vječnosti biti prvi. Blažen je dan u kojem primimo tu milost straha Božjeg i zato nam počne smetati svjetovna popularnost, te počnemo ljubiti samozatajnost.

Marija se mnogo puta ukazivala određenim osobama, nekima i više puta, te je s nekima uspostavila prisan majčinski odnos. Zanimljivo je da nijedna od tih tako privilegiranih osoba ni najmanje nije ostala pošteđena životnih kušnji, trpljenja, boli... Bog nam nije obećao da će nas od svega toga zaštititi. Sam nam je Isus rekao da nas, ako ga budemo slijedili, očekuju kušnje i trpljenja slični njegovima. No, obećao nam je da će u svim tim kušnjama biti s nama i da će im dati smisao i sretan ishod. A sretan ishod prvenstveno znači to da ćemo kroz njih proći ne sagriješivši, da ćemo ih moći okrenuti na dobro i prikazati za nečije vječno dobro. I što je svakako važno spomenuti, svako takvo iskustvo činit će nas sve boljim i sretnijim ljudima. I svako to iskustvo prilika je da nakupimo više neprolaznog blaga koje ćemo ponijeti u vječni život, a to je blago prvenstveno neprolazna radost što smo dobro iskoristili darovano nam vrijeme.

Bog čak i grijeh može okrenuti na dobro onima koji ga ljube. Ako smo, npr., bludno griješili, pa makar samo željom, zašto ne bismo sastavili listu osoba za kojima smo na neprimjeren način žudili i molili i postili za njihovo i naše spasenje? Ako netko na bilo koji način sudjeluje u pobačaju, zašto ne bi molio i postio za one koji su jednako sagriješili, ali još i više za one koji se spremaju počiniti taj tako velik grijeh? Ako smo nekoga nepovratno nečime oštetili, zašto mu to ne bismo nadoknadili molitvom i žrtvom? To svojevrsno „nadoknađivanje" molitvom i žrtvom zove se pokora, i znak je razvijenog straha Božjega. I mi smo spašeni samo zato što je netko drugi molio i trpio za nas. Sve što činimo, činimo iz ljubavi i zahvalnosti, ali i iz strahopoštovanja prema Bogu, jer znamo koliko on čezne za time da se spasi što više duša.

U svakoj Zdravomariji govorimo Mariji da su ona i Isus blagoslovljeni i molimo je da moli za nas kako bismo i mi bili blagoslovljeni. Jesmo li sigurni da želimo biti blagoslovljeni poput Isusa i Marije?

Mnogi mladi ljudi spremni su na svakojake teške žrtve i odricanja koji će im priskrbiti bolji život ovdje na zemlji, koji će im omogućiti da u nečemu njima važnome uspiju, da postanu prihvaćeni i voljeni. Sjetimo se samo vrhunskih privrednika i znanstvenika, raznih umjetnika i sportaša. Jedan poznati pravoslavni svetac ustvrdio je da je čovjekov najveći neprijatelj vrlo često čežnja za zemaljskim uspjehom i priznanjem. Malo je onih koje je takva čežnja približila Bogu.

Dar straha Božjega pomaže nam da budemo krotki. Biti krotak znači imati sposobnost ukroćivanja samoga sebe. Ukroćivanje je pojam koji se ponajprije upotrebljava za mijenjanje životinjske ćudi. Jednako tako, i čovjek treba krotiti svoje još uvijek neotkupljene osjećaje, želje, nagone, volju.

Strah Božji čuva nas da ne „potrošimo" život uzalud. Strah Božji sila je koja nam ne dopušta da se pomirimo s vlastitom grešnosti. On nas oslobađa od vlastita ponosa i pomaže nam da se uvijek iznova dižemo kad pod grijehom padnemo. Strah Božji odvaja nas od naše egocentričnosti i sebičnosti, omogućuje nam da život živimo očiju uprtih u vječnost. Jer, ako se mi brinemo za vječnost – Bog se brine za danas i za sutra (v. Mt 6,33; Lk 12,31)!

Strah i oči

Osjetila su naš prozor u svijet, a posebno su to oči i uši, tjelesne i duhovne. Sve što želimo ili za čime čeznemo došlo je kroz oči i uši. Ne možemo nešto htjeti ili za nečime žudjeti ako to prvo nismo na bilo koji način spoznali. Sjetimo se Adama i Eve i njihova problema sa stablom spoznanja dobra i zla. Da nisu slušali što im je zmija govorila o zlu, ne bi za njim žudjeli i ne bi ga učinili. Znatiželja nas često može preskupo stajati. Sjetimo se samo onih koji su probali drogu, kocku, alkohol, duhan, pornografiju i drugo, i čiji su postali teški robovi. Koliko sam samo puta u životu čuo: „Meni se to neće dogoditi. Mnogi su probali pa nisu postali ovisnici.“ Fizičkim osjetilima te razmišljanjem i maštanjem spoznajemo i dobro i zlo, no vrlo često ne razlikujemo dobro od zloga. Dobro je sve ono što nas približava Bogu i čini boljima, dok je zlo sve ono što nas udaljuje od neba i čini lošijima. Kroz oči i uši dolazi hrana kojom hranimo dobre i loše karakterne osobine. Mi sami odlučujemo koju ćemo hranu jesti. Dvojica razbojnika razapetih s Isusom imala su izbor: mogli su promatrati i slušati svjetinu koja je vrijeđala i proklinjala Isusa, a mogli su promatrati i slušati Isusa i njegove bližnje pod križem koji su ga tješili i molili za nj. Ispočetka su obojica bila neprijateljski raspoložena prema Isusu, a onda se jedan od njih zagledao u pravu stranu te je počeo razmišljati na drukčiji način. To je bilo dovoljno za njegovo spasenje.

Kad smo zarobljeni nekom grešnom ovisnošću, poput pornografije ili kocke, čini nam se nemogućim nadvladati tako jakog protivnika. Što god pokušali, koliko god se kajali, uvijek iznova padamo. Čini nam se kao da se u ringu borimo s ogromnim protivnikom protiv kojeg nemamo nikakve šanse. Naravno da nemamo, osim ako ga ne izgladnimo i smanjimo mu veličinu i snagu, ako mu ne ukinemo hranu. Ako odlučimo čuvati svoje oči te izbjegavamo i najmanji nečisti pogled, razmišljanje i maštanje, naš će protivnik vrlo brzo potpuno izgubiti snagu. No, pustimo li samo na trenutak očima da se zagledaju u ono što ne bi smjele, da razmišljamo ili maštamo o onome što ne bismo smjeli, to će biti dovoljno da dobro nahranimo svojeg protivnika.

Za čuvanje očiju i ušiju može nam pomoći razmišljanje o nebu i paklu, a još i više zamišljanje onoga što bi nam se tamo moglo događati. Zapitajmo se koje bi nama bile najteže muke u paklu. Budimo sigurni da nas Sotona kroz život dobro proučava i da dobro zna koje će muke posebno za nas pripremiti. Na trenutak zastani i probaj zamisliti ovo što slijedi. Daj si dovoljno vremena da u mašti vidiš kako patiš. Možda nesnosna vječna bol i tjeskoba? Nesnosan vječni smrad? Vječna nemogućnost komuniciranja s bilo kime drugim, užasna vječna samoća? Stalan strah i užasna tjeskoba? A možda i sve to zajedno? Takvo nam razmišljanje i zamišljanje može pomoći da postanemo mudri i izbjegnemo svojevoljno predati se đavlu u ruke i završiti u paklu. Nakon takva razmatranja neće nam biti problem nikome oprostiti, jer znamo da će nam biti oprošteno onako kako i mi opraštamo i tek ako sami oprostimo. Neće nam biti problem čuvati svoje oči jer znamo da bi nas grijeh mogao zarobiti i, konačno, neće nam biti problem ozbiljno shvatiti odgovornost za vlastito spasenje.

Još je važnije razmisliti o nebu. Kakva nas vječna avantura očekuje u tom neizmjerno velikom i kompleksnom Božjem kraljevstvu? Što je Bog pripremio onima koji ga ljube, što je to *što oko nije vidjelo i na što srce nije pomislilo*? Kakvo će to novo nebo i nova zemlja biti? Koje ću mjesto imati u mnoštvu onih koji će biti negdje između najmanjih i najvećih u Božjem kraljevstvu? Zašto nas Isus potiče da sakupimo što više blaga za vječni život? Zašto Isus kaže da će neki kraljevati s njime, a neki će biti svećenici? Kakvo ću dostojanstvo donijeti u vječnost? Ako je kraljevstvo nebesko već među nama, onda su među nama i oni koji su već došli u nebo. Znamo da svecima nije ni najmanje dosadno jer nam itekako pomažu, no što je s onima za koje ne znamo da su postali sveti pa im se i ne molimo? Što oni rade, koliko oni mogu pomagati? Biblija nam govori da ćemo uskrsnuti s tijelom, tj. da ćemo imati tijelo kakvo je imao Isus kad se ukazivao nakon uskrsnuća. Nije li bilo fantastično to što se Isus u isto vrijeme mogao nalaziti na više mjesta i što se mogao pojavljivati gdje god je htio? Želimo li i mi takvu slobodu ili ćemo radije odabrati vječnu svezanost i usamljenost u paklu? Što kažu oni koji su u vizijama imali prilike susresti Isusa, Mariju, nekog sveca ili anđela? Jesu li poželjeli živjeti tamo gdje oni žive? Razmišljajući na takav način o nebu, polako ali sigurno hranimo svoju želju za nebom. Nitko tu želju nema ako je prvo nije na neki način nahranio, a najbolji način da je nahranimo jest razmatrajući dijelove Svetog pisma koji govore o kraljevstvu nebeskom i svjedočanstva svetih kojima je bilo dano da posjete nebo i da ga barem manjim djelom opišu. Razmišljanje i maštanje način je na koji bismo najčešće trebali moliti.

Dakle, oni koji imaju dar straha Božjega naučili su čuvati svoje srce tako da izbjegavaju gledati, slušati, razmišljati i maštati o bilo čemu što nije dobro za njihovu dušu.

Zato Biblija na toliko mjesta spominje kako su blagoslovljeni oni koji imaju strah Božji.

Dar savjeta

Brojna nas mjesta u Starom zavjetu upućuju na to da su izraelski kraljevi, ali i drugi ljudi, tražili savjet od Jahve. A evo kako Izaija naviješta Isusovo rođenje:

Jer, dijete nam se rodilo, sina dobismo; na plećima mu je vlast. Ime mu je: Savjetnik divni, Bog silni, Otac vječni, Knez mironosni. (Iz 9, 5)

Zanimljivo je da Izaija Isusa na prvom mjestu naziva divnim savjetnikom. Zaista, Bog nam želi biti savjetnikom daleko više nego kraljem i gospodarom (usp. Iz 1, 26).

Kad nam netko, pa tako i Bog, daje savjet, mi taj savjet možemo prihvatiti ili odbaciti. Savjet nije zapovijed, već vrsta upute koja nam u određenoj situaciji može pomoći. Duh Sveti ništa nam ne nameće na silu, on uvijek poštuje našu slobodnu volju. Kad slušamo Božje savjete, sigurno smo blagoslovljeni, a ako im ne pridajemo dovoljno pažnje, događa nam se ovo:

... niti su poslušali moj savjet, nego su prezreli svaku moju opomenu. Zato će jesti plod svojeg vladanja i nasititi se vlastitih savjeta. (Izr 1, 30-31)

No ne govori nam uvijek samo Duh Sveti. I đavao to čini. Vrlo često prihvaćamo savjet koji nam se više sviđa, bez obzira na to od koga dolazi. Pogledajmo to na primjeru apostola Petra. Prvo mu je progovorio Otac nebeski.

*Kad Isus dođe u krajeve Cezareje Filipove, upita učenike: „Što govore ljudi, tko je Sin Čovječji?" Oni rekoše: „Jedni da je Ivan Krstitelj; drugi da je Ilija; treći opet da je Jeremija ili koji od proroka." Kaže im: „A vi, što vi kažete, tko sam ja?" Šimun Petar prihvati i reče: „Ti si Krist-Pomazanik, Sin Boga živoga."
Nato Isus reče njemu: „Blago tebi, Šimune, sine Jonin, jer ti to ne objavi tijelo i krv, nego Otac moj, koji je na nebesima." (Mt 16, 13-17)*

Petru nije bio problem poslušati što mu Otac nebeski sugerira jer je i sam u Isusu itekako želio vidjeti Mesiju, sina Boga živoga. Pa tko ne bi htio biti prisan s Kristom, tj. Mesijom, budućim vladarom cijeloga svijeta, kako je Petar tada mislio da će Isus biti?

Odmah nakon toga događa se ovo:

*Otada poče Isus upućivati učenike kako treba da pođe u Jeruzalem, da mnogo pretrpi od starješina, glavara svećeničkih i pismoznanaca, da bude ubijen i treći dan da uskrsne.
Petar ga uze na stranu i poče odvraćati: „Bože sačuvaj, Gospodine! Ne, to se tebi ne smije dogoditi!"
Isus se okrene i reče Petru: „Nosi se od mene, sotono! Sablazan si mi jer ti nije na pameti što je Božje, nego što je ljudsko!" (Mt 21,23)*

Petar ne želi prihvatiti Isusovu tvrdnju da će Izrael odbaciti i ubiti Mesiju. On želi da Isus postane kralj i da vlada Izraelom i cijelim svijetom. Želi imati svoje mjesto u Isusovu zemaljskom kraljevstvu i zato lako prihvaća Sotonin prijedlog, i savjetuje Isusa da ne smije biti ubijen.

Tu vidimo kako smo u određenim situacijama skloni imati povjerenje u Boga, a u drugima u đavla, a da toga uopće ne moramo biti svjesni. Teško da ćemo čuti Božji savjet vezano za ona područja našeg života koja još nismo predali Bogu, koja još nisu otkupljena ili prosvijetljena. Petar nije mogao niti je htio prihvatiti činjenicu da je Isusova nasilna smrt nešto što je dobro bilo za Isusa ili za njega. Možemo biti sigurni da je i u tom trenutku Otac govorio Petru, no zbog svog nepovjerenja on to nije mogao ni htio čuti i đavlu nije bio nikakav problem da nagovori Petra da posluša njegov prijedlog. Možemo si samo zamisliti u kojim nas sve područjima života đavao uspješno savjetuje! Njegovih su savjeta posebno svjesni oni koji se bore s ovisnostima ili su svezani bilo kojim grijehom. Čim se pruži prilika, u mislima im se pojavi tih glas koji im predlaže da iskoriste priliku i pokleknu.

Ako tražite ili dajete savjet

Bog je taj koji daje savjete po svojem Duhu. Samo onaj koji ima prisan intimni odnos s Duhom Svetim sposoban je čuti i prepoznati ono što nam on govori.

Kod savjetovanja treba biti odgovoran prema onome koga se savjetuje. Onaj koji daje savjet treba se uvijek zapitati kakvu bi štetu njegov savjet mogao prouzročiti ako nije nadahnut od Duha Svetoga. Kad netko daje savjet, trebao bi jasno dati do znanja je li on rezultat njegova znanja, iskustva, razmišljanja ili shvaćanja stvari, ili je savjet rezultat molitve u kojoj mu je Duh Sveti progovorio. Ako ste u prilici da trebate duhovni savjet, slobodno onoga od koga tražite savjet pitajte koliko je siguran u njega i otkud ga je uzeo. Izbjegavajte savjetnike koji su „previše sigurni", a pogotovo one koji svoje savjete nude svima.

Dar savjeta nešto je u čemu rastemo čitav život. Bez obzira na to tražimo li savjet za sebe ili za druge, on svakako ovisi o našoj povezanosti s Duhom Svetim, te o našem poznavanju Boga i njegove riječi. Biblija je prepuna ljudi koji su se našli u različitim životnim okolnostima. U njoj možemo vidjeti na koji je način Bog djelovao u mnogim konkretnim situacijama. Biblija, primjerice, o novcu i materijalnom posjedovanju govori na više od 1200 mjesta i nema situacije u kojoj nas ne može dobro savjetovati, ako pustimo Duhu Svetome da nas podsjeti na određene biblijske retke. Zanimljivo je da su, unatoč tome što im Biblija daje tako mnogo dobrih savjeta, mnogi kršćani svoj posao i materijalna dobra potpuno „odvojili" od svojeg odnosa s Bogom.

Nadam se da shvaćamo kako dar savjeta itekako ovisi o punjenju duhovnih spremnika gorivom, tj. o našem intimnom odnosu s Isusom kroz razmatranje Božje riječi. Evo jednog primjera.

Jednom me nazvala jedna djevojka i zatražila od mene da se pomolim za nju jer je htjela da pokušam vidjeti njezin slučaj u Božjem svjetlu – htjela je savjet u vezi sa svojim budućim mužem. Hodala je s mladićem koji ju je namjeravao zaprositi. Mladić je izgledao kao idealna prilika, no ipak je imala neki neobjašnjiv osjećaj da nešto nije sasvim u redu. Svatko od nas, o čemu god se radilo, ponekad ima takav osjećaj, koliko god okolnosti izgledale idealno. Taj lagani osjećaj da nešto nije u redu vrlo je često glas Duha Svetoga koji nas pokušava upozoriti na nešto.

Ušao sam u molitvu i u misli mi je došao događaj iz prošlosti izraelskog naroda koji je od Boga uporno tražio kralja. Odmah mi je bilo jasno što mi Duh Sveti želi reći. Naime, Bog je znao da to za njih neće biti dobro i savjetovao im je da ne traže kralja, no na njihovo inzistiranje dao im je kralja Šaula. Šaul je čitavom svojom pojavom bio čovjek kojeg bi po ljudskom sudu svaki narod poželio za kralja, no dogodilo se upravo suprotno.

Rekao sam joj da mi se čini da nije mudra odluka udati se za tog mladića. Ne znam sa sigurnošću zbog čega, jer samo Bog poznaje ljudska srca i zna ono što nam se u budućnosti može dogoditi. Savjetovao sam joj da prekine s tim mladićem ili da ga barem što bolje upozna prije nego što donese odluku. Poslušala me, upoznala ga je malo bolje i prekinula s njime. Poslije se udala za drugog mladića s kojim je u blagoslovljenom braku.

Dakle, Duh Sveti može nam dati savjet u najrazličitijim potrebama podsjećajući nas na određene situacije iz Svetog pisma. Naravno, ako smo Riječ, u njemu zapisanu, upisali u svoje srce.

Kad mene pitaju za savjet, većinom kažem što bih ja učinio da sam na njihovu mjestu, a što se odnosi na sve ono što i bez Duha Svetoga možemo znati da trebamo činiti. Tako, npr., ako imaju bračnih problema, preporučim im knjige koje bi mogli pročitati kako bi naučili ljubiti i poštovati jedno drugo ili im savjetujem da odu na bračni vikend ili neki drugi tečaj o braku, ili pak dobrom bračnom terapeutu. Naravno da ih savjetujem da više mole i poste, a posebno da čitaju Sveto pismo. To su savjeti koje bih dao baš svakom bračnom paru, bez obzira na to imaju li trenutačno problema u braku. A što se tiče njihova konkretnog problema, kažem im da ću se pomoliti Duhu Svetome i da će on, ako želi, reći nešto više od onoga što će saznati čitajući knjige, na tečaju ili na terapiji. Za to će mi ponekad trebati više vremena, no kako problemi ne nastaju preko noći, tako se ne treba nadati da će preko noći biti riješeni. Dakle, kad imamo problem, nemojmo očekivati da će ga Bog čarobnim štapićem maknuti od nas samo zato što ćemo izgovoriti hrpu molitava. Bog često želi da i mi sami sudjelujemo u rješavanju svojih problema i da uz pomoć Duha Svetoga uvidimo u čemu griješimo i u čemu bismo mogli biti bolji. Mnogi nikad ne dobiju savjet od Duha Svetoga jer duboko u sebi ne žele ništa mijenjati; samo žele da se sve oko njih promijeni kako bi njima bilo bolje.

Kad me netko traži savjet kako da pronađe srodnu dušu za brak ili kako da za to moli, moj će odgovor biti gotovo potpuno jednak. Jer, što se bolje pripremimo za brak, to su veće šanse da nam Duh Sveti dovede nekoga u život i veće su nam šanse da tu osobu prepoznamo i zadržimo, te da brak uspije.

Svatko od nas može savjetovati i na osnovu vlastitih iskustava. Ako kažemo: „Kad sam bio u situaciji sličnoj tvojoj, meni je pomoglo..." ili „Znam osobu koja je bila u takvoj situaciji i koja je svoj problem riješila tako da je..." Svjedočenje vlastitih ili tuđih iskustava može biti jako dobar savjet, no uvijek postoji mogućnost da u toj konkretnoj situaciji nije pravo rješenje, pa se zato treba pomoliti Duhu Svetome i tražiti i njegovo mišljenje.

Na osnovu svojih dosadašnjih iskustava želim čitateljima dati nekoliko životnih savjeta. Svi se oni odnose na ono što je Duh Sveti meni dosad savjetovao. O nekima sam već govorio, no dobro ih je ponovo spomenuti.

I Upoznaj Isusa

Ako Boga ne poznaš, ne možeš imati ni povjerenja u njega. Tko je vidio Isusa, vidio je i Oca i Duha Svetoga, a Isusa se itekako može vidjeti u Svetom pismu, a posebno u evanđeljima. Tko god ga želi upoznati, može ga promatrati i slušati u najrazličitijim životnim situacijama. Ako samo jedno s pažnjom, kako bismo ga upoznali, pročitamo sva četiri evanđelja, već ćemo ga poprilično dobro upoznati. Što ćemo više razmatrati svaku pojedinu opisanu zgodu – a ima ih malo više od 150 – to ćemo ga bolje poznavati. Mnogi krizmanici nikad si u životu neće dati šansu, nikad neće, kako bi ga upoznali, pročitati ta četiri evanđelja, ta njegova četiri kratka životopisa, jer će im Sotona uspješno savjetovati da to ne učine, najčešće lažući o njemu. Naravno, povjerovat će mu, iz istog razloga iz kojeg je povjerovao i Petar. Na sud će doći pred nepoznatog Boga, a mogli su pred prijatelja. Umrijet će u strahu i tjeskobi, a mogli bi u miru i ljubavi, ako se promijene poput Petra. Nitko od krizmanika nije toliko glup da kroz evanđelja ne bi mogao upoznati Isusa; naravno, ako to želi. Ako ga tako upoznaš, onda ćeš ga kad-tad pozvati da uđe u tvoj život i bit ćeš ispunjen Duhom Svetim. Njegovi će se darovi itekako aktivirati u tvojem životu.

Budi učenik cijelog života

Isus je dao nalog svojim apostolima da sve nas učine učenicima (v. Mt 28,19). Nikad nećemo do savršenstva naučiti ljubiti ni poštovati sebe, Boga i bližnje, i zato trebamo cijeli život učiti. Učimo prvenstveno čitanjem, promatranjem, slušanjem te razmatranjem onoga što smo vidjeli, čuli i pročitali. Ako to iskreno činimo da ga što bolje upoznamo i da nas učini što boljim ljudima, Duh Sveti itekako će biti prisutan u cijelom tom procesu. Promatranje, slušanje, razmišljanje i zamišljanje u nama će proizvesti određene emocije i pozitivnu volju te ćemo uz pomoć Duha Svetoga rušiti stare i stvarati nove unutarnje stavove, i tako ćemo polako ali sigurno postajati novi, sretniji ljudi. Isus nam je naredio da ljubimo jedni druge onako kao je on ljubio nas, a prvenstveno nas je ljubio koristeći se sa sedam darova Duha Svetoga. U evanđeljima je opisano mnoštvo situacija koje nam pomažu da se, promatrajući njega, naučimo koristiti tim darovima.

Usmjeri svoj pogled na vječnost

Tu smo kako bismo sami svojim životnim odabirima odredili svoju vječnu sudbinu. Što prije počnemo meditirati (čitati, razmišljati, zamišljati, maštati) o nevjerojatno lijepoj i uzbudljivoj avanturi neba te o užasu pakla, to ćemo prije naučiti ljubiti, poštovati, praštati, pomagati, zahvaljivati... Na raspolaganju su nam ograničeno vrijeme i neograničena slobodna volja. Dobro razmislimo želimo li u vječnost stići nakon sebičnog i egocentričnog života ili ćemo u vječnosti biti neizmjerno sretni što smo dobro iskoristili darovano nam vrijeme.

Provodi vrijeme u Božjoj prisutnosti

Bog je uvijek s tobom, no ti si s njime samo kad to zaista želiš biti. Kad svu svoju pažnju usmjeriš na njega sudjelujući u liturgiji, čitajući i razmatrajući Sveto pismo, zahvaljujući mu, slaveći ga... tada se nalaziš u njegovoj prisutnosti. Što se više usredotočiš i što više vremena tako provodiš, to ćeš više iskusiti da si voljen i prihvaćen, to ćeš više upiti njegova mira, ljubavi i radosti. Kad si u Božjoj prisutnosti, priključen si na svojevrsnu duhovnu infuziju Božje milosti, tada si loza koja iz trsa crpi dobre sokove i donosi obilat rod (v. Iv 15,4-7).

Uvijek možeš pronaći koji tebi način najviše odgovara da se najlakše usredotočiš na Boga. Ponekad će ti biti potrebno da provedeš više vremena u Božjoj prisutnosti kako bi te infuzija njegove prisutnosti iscijelila od zadobivenih rana i ispunila snagom za život, a ponekad će ti biti dovoljno da nekoliko puta dnevno odvojiš po par minuta da se odmoriš i osvježiš u Božjoj ljubećoj prisutnosti. Svakako preporučam pročitati knjigu *U tvojoj prisutnosti*, koja će ti u tome pomoći (v. www. figulus.com).

Hodočasti

Svake godine barem jednom provedi najmanje tri do četiri dana zaredom u Božjoj prisutnosti. Idealno je mjesto za to neko hodočasničko mjesto, poput San Giovani Rotonda, Lurda, Fatime ili Međugorja. Međugorje ima toliko sadržaja koji će tvoju pažnju sve te dane držati na Bogu. Većini je ljudi potrebno barem tri dana duhovne infuzije kako bi svoju nutrinu oraspoložili za primanje milosti. Svete mise, ispovijed, klanjanja, meditativno-molitvena penjanja na Brdo ukazanja i Križevac, razna predavanja i pobožnosti, a iznad svega molitva srca u kojoj vlastitim riječima govoriš Bogu donijet će ti novu radost, mir i snagu za svakodnevni život; porast će ti i vjera i ufanje i ljubav i bit ćeš kvalitetnija osoba; imat ćeš više dostojanstva. U tri, ili još bolje četiri dana, napunit ćeš spremnike gorivom koje će ti dostajati dulje vrijeme.

Slušaj pravog anđela

Svatko od nas ima Božjeg anđela zaduženog da nam pomogne baštiniti nebo (v. Heb 1,13-14), no isto tako ima i palog anđela (zlog duha) koji nas prati i ima zadatak da nas odvede od Boga i neba kako bismo završili u paklu, i to, ako je ikako moguće, već u ovome životu (Ef 6,11-18). Anđeo čuvar potiče nas na dobro, a zli anđeo nagovara nas na zlo, na grijeh, prikazujući ga dobrim. Kao što sam već rekao, dobro je sve što nas dovodi bliže Bogu i nebu, a zlo je sve što nas od Boga i neba odvaja. Zli anđeo jako se trudi da pobijedi tihi glas savjesti, anđela čuvara i Duha Svetoga. Svaki put kad pomislimo da bismo trebali izbjeći nešto loše ili učiniti nešto dobro, on nam u mislima daje snažne i vrlo logične protuargumente. Želiš li se u to uvjeriti, uzmi evanđelja u ruke i svaki ih dan čitaj kako bi upoznao Isusa. Sva ona argumentirana odgovaranja, sva tjelesna i emotivna uznemiravanja koja će ti dolaziti u misli doći će ti od njega, zloduha. Ako ignoriraš njegova odgovaranja i usredotočiš se na promatranje onoga što čitaš, iskusit ćeš kako ti anđeo Božji pomaže da vidiš ono što mnogi nikad neće primijetiti.

Moli izvan vremena i prostora

U molitvi budi svjestan toga da te ona stavlja izvan prostora i vremena, da moleći možeš utjecati na prošlost, sadašnjost, budućnost i na vječnost. U svakoj si molitvi osvijesti da te Bog gleda i sa zanimanjem sluša. Nauči zahvaljivati mu, hvaliti ga, slaviti i blagoslivljati. Zahvaljivanjem ćeš njegovu dobrotu upisati u srce, hvaljenjem i slavljenjem povjerovat ćeš u njegovu neizmjernu moć, a blagoslivljanjem ćeš unijeti blagoslov u svoj život. Na svojoj molitvenoj listi imaj barem nekoliko onih za koje misliš da nitko za njih ne moli. Siguran sam da imaš prijatelje ili poznanike koji su iz obitelji u kojima nitko ni za koga ne moli. Kad čuješ da je netko blizu smrti, sjeti ga se što češće u molitvi. Kako ćeš si posuditi, tako će ti jednog dana biti vraćeno.

Mijenjaj svoj život nabolje

Ako puno moliš, a i dalje si nezadovoljan, razočaran, uplašen, žalostan ili si u situaciji iz koje želiš, a ne možeš izaći, trebaš promijeniti svoju molitvu i duhovnu hranu kojom se hraniš (knjige, predavanja i sl.). Ponekad trebaš promijeniti i društvo, jer ako svi putujete u istom smjeru, trebaš što prije izići iz tog autobusa. On očigledno ne vozi tamo kamo bi ti htio doći.

Budući da znamo svoje slabosti i grijehe, ponekad nam je jako teško vjerom srca moliti za same sebe, no bez problema možemo moliti za druge. Zato pronađi troje ili četvero prijatelja koje ćeš nagovoriti da svaki dan molite jedni za druge. Sama spoznaja da nekoliko prijatelja redovito moli za tebe, ali i da ti redovito moliš za njih, donijet će ti mnogo unutarnjeg mira i zadovoljstva.

Priključi se nekoj grupi

Ako stvarno želiš napredovati u darovima Duha Svetoga, najbolje je priključiti se karizmatskoj grupi, budući da karizmatski pokret posebno promovira upotrebu duhovnih darova. Podatke o zajednicama u svojoj okolini možeš pronaći na web-stranici www.obnovauduhu.com. Te se zajednice većinom sastaju jednom tjedno i gotovo redovito imaju tečajeve za nove članove. Možda bi bilo dobro da obiđeš nekoliko njih, ako živiš tamo gdje ih ima, i onda se odlučiš za onu koja se tebi čini najkorisnijom.

Ako nisi tip za zajednice, možeš se priključiti školi molitve (tečaju) na kojoj ćeš također – osim što ćeš usvojiti različite vrste molitve (razmatranje, unutarnja molitva, zastupnička molitva) – naučiti surađivati s Duhom Svetim u molitvi kroz darove dobivene na krizmi. Škola će te osposobiti da nastaviš učiti do kraja života. Rijcč je o grupama od četiri do šest članova koje se sastaju jednom tjedno (može i online) u trajanju od dva sata. Sve o školi (tečaju) možete naći na www.kristofori.hr.

Ako samo nekoliko godina provedeš u takvoj grupi, itekako ćeš se osposobiti za svoj daljnji duhovni život.

Budi redovit na svetoj misi i ispovijedi

I na kraju, najvažniji savjet: neka ti sveta misa i ispovijed uvijek budu prioritet. Sveta misa izvor je i vrhunac duhovnog života, no samo onima koji su naučili zašto i kako na njoj sudjelovati. Već sam spomenuo da je Isus ustanovio euharistiju koja nam omogućuje da mnogo puta sudjelujemo u njegovoj žrtvi koja se dogodila samo jednom. Iako u svakoj molitvi možemo doći pred Isusa, samo po blagovanju njegova tijela možemo u njegovoj žrtvi stvarno sudjelovati. Nikad i nigdje Bog nam u ovozemaljskom životu ne može doći bliže. Koliko ćemo na misi primiti, prvenstveno ovisi o raspoloživosti srca, a raspoloživost pak ovisi o tome koliko stvarno želimo sebe ili nekoga drugoga blagosloviti sudjelovanjem u Isusovoj žrtvi. Ako smo na misu došli a da nismo u srcu odlučili za koga i za koje ćemo nakane Ocu prikazati Isusovu muku, onda smo zasigurno debelo promašili. Kad bismo samo znali koliko jednom jedinom misom možemo pomoći nekoj duši, a posebno onima u Čistilištu, nikad ne bismo propustili ni dnevnu misu, a kamoli nedjeljnu i blagdansku.

Na misu odlazimo i kako bismo priznali svoje slabosti i nemoć, kako bismo slavili, hvalili i blagoslivljali Boga, molili za svoje i za potrebe drugih, slušali Božju riječ i primili Isusa kao Boga i kao čovjeka, kako bismo s njime proveli minute u kojima je na takav način prisutan u nama i u tim minutama, sjedinjeni s njime, Ocu predavali one za koje smo došli prikazati Isusovu muku. Ako želiš više naučiti o tome kako plodonosno sudjelovati u svetoj misnoj žrtvi, preporučujem svoju knjigu *Sveta misa, najsvetiji događaj na svijetu*, ne zato što sam je ja napisao, već zato što sam je napisao tako da je svatko može razumjeti. Istu knjigu možeš besplatno skinuti na Google Playu ili Apple Storeu pod nazivom *Misa i molitve* (MiM).

Nažalost, znam da vjerojatno ni vjeroučitelj, ni roditelji, ni župnik, a možda ni itko drugi nikad s vama nije učinkovito podijelio vlastita iskustva, niti vam je učinkovito prenio potrebna znanja o tome kako plodonosno sudjelovati u svetoj misi. Vjerojatno vas nitko nije dovoljno oduševio svetom misom. Ne treba ni na koga pokazivati prstom jer, kad bismo obratili pozornost, kad bismo se maksimalno usredotočili na svaku riječ koju na misi čujemo ili izgovorimo, već bi nam nakon nekoliko misa mnogo toga bilo jasnije i već bismo stekli duhovna iskustva koja bi nam dala volju da nastavimo.

Za vrijeme svete mise možemo upotrebljavati svih sedam darova, jer Bog nam na svetoj misi itekako govori, i jasno je da imamo priliku boriti se i pobijediti svijet i đavla.

Obrati pažnju na snove

Obrati pažnju na karakteristične snove koje uvijek iznova sanjaš, ali na one kojih ćeš se jasno sjećati kad se probudiš. Postoje dobre kršćanske knjige koje ti mogu pomoći shvatiti snove, no neke ćeš i sam shvatiti ako dovoljno razmišljaš o njima. Takvi bi te snovi uvijek trebali potaknuti da više vremena provedeš u Božjoj prisutnosti, bilo da ga tražiš zaštitu ili neki drugi blagoslov, da dođeš u kajanju i moliš da te oslobodi od neke grešne ovisnosti ili da mu zahvaljuješ... Bog nas kroz snove čini boljim ljudima. Ono što u srcu ne možemo prihvatiti na javi, često možemo u snovima. Tako sam, npr., više puta sanjao da molim za probleme za koje dotad nisam imao nikakvo rješenje ili pak vjere da ću ih riješiti molitvom. U snu bih bez problema riješio te probleme, a nakon sna bih ih dalje bez većih problema rješavao i na javi. Kad god bih sanjao neku osobu, znao bih da se trebam pomoliti za nju. Ponekad bih točno znao zašto, no ponekad bih saznao u kakvim je problemima bila tek nakon nekog vremena. Ako ignoriramo san koji nam dolazi po Božjem nadahnuću, propustit ćemo priliku da za sebe ili za nekoga drugoga učinimo nešto dobro, a ako molitvom reagiramo na san koji nije došao po nadahnuću, nećemo učiniti ništa loše – molitva koju ćemo izmoliti svakako će biti dobra.

Zašto ne bi i ti?

Ovime sam započeo, ovime i završavam.

Život je nevjerojatan dar, pogotovo ako na raspolaganju imamo darove Duha Svetoga. Darovi Duha čine bitnu razliku između kršćana i nekršćana. Mnogi nevjernici imaju bolje srce i bolji su ljudi od mnogih kršćana, no kršćani mogu s pomoću darova Duha činiti dobra djela koja se bez njih ne mogu činiti. Kad se netko nađe u bezizlaznoj životnoj situaciji, tj. u situaciji u kojoj mu samo Bog može pomoći, nije mu tako važno je li čovjek koji nudi pomoć dobar; puno mu je važnije može li mu on stvarno pomoći. Nažalost, mnogi kršćani susreću takve ljude u životu i ne mogu im pomoći – samo zato što se nisu bili spremni odreći samih sebe, dati prostora Duhu Svetome, nisu bili oduševljeni darovima Duha koje su primili na krizmi. Najčešće, samo zato što ih nitko nije ni pokušao oduševiti na pravi način.

O tebi ovisi hoćeš li prihvatiti izazov pomaganja drugima koji pred tebe stavlja Bog dajući ti duhovne darove ili ćeš radije gledati svoja posla. Ja sam prihvatio izazov i dosad sam iskusio daleko više dobra od onoga što bi se tada usudio i pomisliti. Zašto ne bi i ti?